CUIDADOS QUE TRANSFORMAM

Aprendizagens na atenção à saúde de pessoas trans e travestis em Minas Gerais

Alexandre Costa-Val, Keila Deslandes (Orgs.)

CUIDADOS QUE TRANSFORMAM

Aprendizagens na atenção à saúde de pessoas trans e travestis em Minas Gerais

autêntica

UFOP

PROGED
Programa Educação para a Diversidade

COORDENADORA DA SÉRIE
CADERNOS DA DIVERSIDADE
Keila Deslandes

CONSELHO EDITORIAL
Adriano Nascimento – UFMG
Alcilene Cavalcante de Oliveira – UFG
Carla Cabral – UFRN
Érika Lourenço – UFMG
Keila Deslandes – UFOP
Mônica Rahme – PUC Minas
Richard Miskolci – UNIFESP

EDITORAS RESPONSÁVEIS
Rejane Dias
Cecília Martins

REVISÃO
Marina Guedes

CAPA
Alberto Bittencourt
(sobre imagem de Djem/Shutterstock)

DIAGRAMAÇÃO
Christiane Morais de Oliveira

Dados Internacionais de Catalogação na Publicação (CIP)
(Câmara Brasileira do Livro, SP, Brasil)

Cuidados que transformam : aprendizagens na atenção à saúde de pessoas trans e travestis em Minas Gerais / Alexandre Costa-Val, Keila Deslandes (Orgs.). -- Belo Horizonte : Autêntica, 2022. -- (Cadernos da Diversidade ; 12.)

Bibliografia
ISBN 978-85-513-0437-2

1. LGBT 2. Política de saúde 3. Política Nacional de Saúde Integral LGBT 4. Pessoas transgênero - Brasil 5. Saúde pública 6. Transexualidade I. Costa-Val, Alexandre. II. Deslandes, Keila. III. Série.

22-106204 CDD-362.1

Índices para catálogo sistemático:

1. Política de saúde : Saúde pública : Bem-estar social 362.1

Maria Alice Ferreira - Bibliotecária - CRB-8/7964

GRUPO **AUTÊNTICA**

Belo Horizonte
Rua Carlos Turner, 420
Silveira . 31140-520
Belo Horizonte . MG
Tel.: (55 31) 3465 4500

São Paulo
Av. Paulista, 2.073, Conjunto Nacional
Horsa I . Sala 309 . Cerqueira César
01311-940 . São Paulo . SP
Tel.: (55 11) 3034 4468

www.grupoautentica.com.br
SAC: atendimentoleitor@grupoautentica.com.br

Minas é a montanha, montanhas, o espaço erguido, a constante emergência, a verticalidade esconsa, o esforço estático; a suspensa região – que se escala. [...] Sobre o que, em seu território, ela ajunta de tudo, os extremos, delimita, aproxima, propõe transição, une ou mistura: no clima, na flora, na fauna, nos costumes, na geografia, lá se dão encontro, concordemente, as diferentes partes do Brasil. Seu orbe é uma pequena síntese, uma encruzilhada; pois Minas Gerais é muitas. São, pelo menos, várias Minas.

Guimarães Rosa, 1957.

Prefácio

Guilherme Almeida[1]

A Política Nacional de Saúde Integral LGBT (PNSI-LGBT) tem sido no país como uma criança nascida e criada em condições hostis, mas que, paradoxalmente, tem muita resiliência. Refletir político-academicamente sobre ela tem sido um desafio assumido com bravura e de forma transdisciplinar por um crescente número de pesquisadoras(es).

Análises genéricas da gênese e da implementação dessa política têm sido bem-vindas e continuarão a sê-las, mas tenho sido um defensor também da importância de análises localizadas e contextuais da implementação dela, análises que levem em conta a heterogeneidade e a diversificação da arena político-institucional brasileira.

O escritor russo Liev Tolstói tem uma famosa frase: "Se queres ser universal, começa por pintar a tua aldeia". O caráter relativamente tardio da constituição de iniciativas relacionadas ao processo transexualizador no imenso e múltiplo território mineiro levou, por muito tempo, cidadãs e cidadãos trans a migrarem em busca de assistência à saúde, a pagarem caro por ela e/ou a ficarem resignados com a ausência dela. Apesar disso, Minas Gerais assume há algum tempo (inclusive nesta publicação) uma postura de vanguarda numa discussão fundamental à ordem democrática brasileira, traduzida na eficiência

[1] Guilherme Almeida é Professor da Universidade Federal do Rio de Janeiro, atuando no Departamento de Fundamentos do Serviço Social da Escola de Serviço Social (ESS/UFRJ).

das políticas sociais e na radicalização dos princípios do SUS: a possibilidade do acesso universal à política de saúde – também pela população LGBT –, bem como o acesso a um modelo assistencial caracterizado pela busca da equidade, da integralidade e da autodeterminação.

Como bem demonstraram Silveira e Santos no artigo de abertura desta coletânea, esse movimento mineiro, longe de ser produto de uma ação burocrático-institucional, tem estrada e se configura como um processo muito amplo, constituído por sujeitos distintos, tais como: gestoras(es) de saúde, lideranças LGBT, pesquisadoras(es) ligados a universidades públicas, entre outros. Essa coalisão constituiu o Comitê Técnico de Saúde Integral LGBT, uma iniciativa que tem sido fundamental para a tecelagem de outras tantas no estado, como as direcionadas ao aprimoramento da formação profissional para o trabalho com o tema, a construção e habilitação de unidades de saúde para o processo transexualizador, o desenvolvimento de campanhas de saúde, a formação de gestoras(es) para o tema, a constituição de redes técnico-políticas multiprofissionais envolvendo entidades representativas de profissões da saúde, entre outras conquistas locais.

Ao reconstituírem os desafios e conquistas oriundas das práticas de atendimento a pessoas trans e suas vivências no Ambulatório Trans Anyky Lima, Santos *et al.* (2020) lembraram a singularidade do modelo assistencial construído de forma pioneira pelo Centro de Referência e Assistência Integral para a Saúde Transespecífica (CRAIST), um serviço vinculado ao Hospital de Clínicas da Universidade Federal de Uberlândia (HC/UFU), cuja marca tem sido a construção do cuidado a partir de uma lógica despatologizante e particularizada, ou seja, de uma "construção subjetiva do cuidado". É uma lógica que não se pauta na obsessão classificatória dos sujeitos, mas funda um projeto de cuidado singular, compartilhado e discutido com o(a) usuário(a).

O CRAIST já foi visitado inúmeras vezes por profissionais e gestoras(es) de vários lugares do país, todas(os) elas(es) buscando inspiração para modelos de atendimento mais democráticos, potentes e disruptivos em suas próprias realidades locais. Vale ressaltar que as(os) autoras(es) destacaram, na experiência do CRAIST, a relevância de uma qualificação continuada da Atenção Primária em Saúde, não apenas para que ela atue como "porta de entrada", mas para que seja em si um espaço de acolhimento de várias das demandas trazidas pelo segmento trans, algo que vem sendo reclamado historicamente pelo movimento trans.

Santos *et al.* (2020) descreveram e analisaram a rica construção política que levou ao surgimento do Ambulatório Trans Anyky Lima, que tem o nome de uma importante militante trans mineira, que, contrariando estatísticas, faleceu já sexagenária. O ambulatório se constitui através da triunfante reprodução e recriação das concepções e práticas bem-sucedidas do CRAIST, das quais é herdeiro. É um percurso muito rico conhecer por meio do texto suas concepções e práticas tecidas à mão. Que ele seja sexagenário e cheio de vida, como sua inspiradora.

O artigo apresentou ainda alguns dados sociodemográficos e culturais sobre a população atendida no Ambulatório Trans Anyky Lima, que hoje já alcança a casa de seis centenas de usuários(as). O olhar crítico acerca dos dados permitiu que eles(as) percebessem o quão – apesar do rico trabalho desenvolvido – ainda estão distantes da população trans mais vulnerável, que sequer consegue acessar as unidades do processo transexualizador em razão da precariedade de suas condições de vida, que muitas vezes suprimem de pessoas trans – especialmente as pobres, negras, indígenas, interioranas, vivendo nas ruas, em cortiços, cadeias, prostíbulos, abrigos ou favelas – o direito à informação de qualidade, ao transporte público, à segurança alimentar e o acesso aos direitos civis mais básicos (ir e vir em segurança). Infelizmente, esta é uma realidade frequente em todo o país.

A fragilidade dos vínculos empregatícios da equipe atuante no Ambulatório Trans Anyky Lima e o fato de ele não se constituir como uma política pública de caráter permanente (prevista em lei), a exemplo de outros tantos no país, agregam vulnerabilidade programática e podem comprometer futuramente a continuidade do ambulatório. Isso não tem impedido que ele tenha sobrevivido até o presente, incluindo uma de suas maiores provas: a crise trazida pela pandemia de coronavírus.

Ribeiro *et al.*, em seu artigo, assumiram o desfio de (re) contar com mais detalhes a história do CRAIST, o serviço pioneiro que evocamos mais acima: de origem universitária e fiel à vocação precípua destes espaços, que consiste em elaborar experiências inovadoras que possam servir de modelo posteriormente.

Chama a minha atenção o desenho de um modelo assistencial no CRAIST, onde o cuidado é atravessado pelo direito ao autorreconhecimento, à autonomia e pela responsabilização compartilhada entre equipe e usuários(as). Se tomarmos em perspectiva, outras expressões do SUS, como a política de saúde mental, talvez tal visão do cuidado pareça familiar e pouco inovadora, mas se considerarmos as características que a maior parte dos serviços devotados ao processo transexualizador tinham em suas origens, veremos aí uma mudança vultosa de abordagem.

Tal preocupação com uma reconceituação do cuidado, em que a corresponsabilização e o afeto atravessem esse processo relacional, mostrou-se central para a ambição do CRAIST de constituir um modelo assistencial que (diferentemente do que até então imperava na quase totalidade das instituições de saúde do processo transexualizador) já nasceu recusando a lógica patologizante e tratando a transexualidade como um grave aspecto da vida na binária sociedade ocidental contemporânea, pressupondo, por isso, cuidados de saúde, mas que não é – de modo algum – uma doença.

Eventualmente, um desavisado "engenheiro de obras feitas" pode considerar que, na terceira década do século XXI e levando em conta a decisão do STF de 2018,[2] não haja nada de extraordinário na recusa da patologização. Contudo, esse distraído engenheiro estaria cometendo um erro crasso, pois talvez seja mais simples gritar pela despatologização em performances artísticas ou acadêmicas, mas não é nada simples fazê-lo no interior dos muros das instituições médicas, sem perder de vista concomitantemente o compromisso de oferecer respostas dignas à fila que nunca cessa e sempre cresce.

É possível que o CRAIST tenha podido recusar a patologização justamente porque, como o artigo descreveu, o serviço não nasceu de portarias ou protocolos institucionais. Nasceu da extensão: essa mesma que já foi a perna bamba do tripé das instituições universitárias elitistas. Nasceu com estudantes que ousaram colocar a dimensão assistencial no miolo do triângulo isósceles formado pela tríade ensino-pesquisa-extensão, que define a universidade pública. Nasceu das ruas e das (mal)ditas cenas do trabalho sexual: não se pretendeu ascético e marcado pelas ervas daninhas que a pretensa neutralidade científica impõe por vezes às práticas acadêmicas.

Tecer o cuidado é, inevitavelmente, considerar a necessidade de sua adequação aos desafios do curso da vida. Foi com coragem, respeito e delicadeza que a mesma equipe descreveu sua abordagem assistencial, também pioneira, de adolescentes e crianças trans, chamando-nos a atenção para a qualificação

---

[2] A decisão eliminou a necessidade de laudos técnicos de profissionais de saúde para que houvesse a possibilidade de requalificação civil por pessoas trans no país. Foi uma conquista tardia, se comparada a de outros países com características semelhantes às brasileiras. Ela foi obtida através de jurisprudência e não da aprovação pelo Poder Legislativo de uma Lei Federal, como seria de esperar de um país realmente democrático.

do cuidado dispensado a familiares que "transicionam junto", sofrendo os ônus e os bônus dessa condição.

De forma semelhante, a equipe ilumina um aspecto ainda menos discutido do cuidado dispensado a pessoas trans: o acesso ao processo transexualizador na maturidade e na velhice. Destaca-se nesse processo a influência de condicionantes geracionais, como a coragem para enfrentar – num contexto cultural de invisibilização da transexualidade, inexistência de serviços de saúde qualificados para tal, insuficiência de recursos econômicos para sustentar a autonomia decisória – o medo do envelhecimento fora das normas sociais e, por vezes, a urgência dos procedimentos cirúrgicos, especialmente quando se é velha(o).

Igualmente digno de destaque foi a eleição, pela equipe do CRAIST, do critério do itinerário terapêutico em detrimento da simples contagem do tempo de acesso ao programa. Isso é fundamental, sobretudo quando se considera a população mais velha. Trata-se, a meu ver, de acionarem mais uma vez o princípio da equidade, pois, mesmo quando se considera que todas as pessoas atendidas são trans, existem diferenças significativas entre elas(es) que não podem ser desconsideradas por um critério de realização de procedimentos que absolutize a cronologia do acesso.

De forma semelhante, a equipe do CRAIST descreveu ainda a (até onde sei, inédita) inclusão dos procedimentos odontológicos como parte da integralidade da atenção devotada a essa população, certamente com benefícios não apenas em termos da conservação da saúde corporal, mas para a autoimagem da(o) usuária(o) trans. Especialmente para o caso das pessoas trans, demonstra-se com regularidade a profissionais que se dedicam à assistência a essa população que a aparência é, em si, um notável determinante social da saúde.

A pandemia trouxe desafios a todos os serviços de saúde e o diferencial entre eles parece ter sido a capacidade de rápida reação, adaptação e desenvolvimento de estratégias assistenciais que garantissem segurança sanitária sem cederem ao risco, especialmente de abandono do acompanhamento e da deterioração da saúde mental, bem como do aumento da vulnerabilidade social. Estratégias como o TeleCRAIST, o atendimento híbrido, as visitas domiciliares e a distribuição de cestas, que auxiliaram no enfrentamento da insegurança alimentar, foram experiências ricas de adaptação do serviço a contextos pandêmicos que, a julgar pelos desdobramentos da pandemia iniciada em 2020, tendem a se repetir futuramente. Além disso, tais dispositivos assistenciais permitiram que a dimensão social e comunitária, definitivamente, pudesse ser compreendida como um determinante social da saúde no processo transexualizador, reiterando aquilo que nós que atuamos em alguma medida nele vimos dizendo há algum tempo: o processo transexualizador não é um conjunto de mudanças biomédicas realizadas numa instituição de saúde apenas. Ele é, na verdade, um processo social, com interface nas múltiplas dimensões da vida humana. Por isso, precisa ser desenvolvido na lógica da integralidade e da transprofissionalidade.

A equipe do CRAIST nos fez refletir acerca da precarização da cidadania decorrente da atual gestão federal que não apenas não expandiu direitos LGBT, mas tem sido marcada pela preocupação em suprimir esses direitos. Isso se reflete de múltiplas formas, mas destaco aqui tanto a resistência dela em alterar os sistemas de informação em saúde para que esta população seja visibilizada quanto a tentativa descrita no artigo, de bloqueio da discussão no STF, realizada por um dos ministros indicados ao Supremo pelo atual governo.

O referido artigo faz ainda com que percebamos que os inevitáveis atravessamentos religiosos presentes nas instituições de saúde não precisam necessariamente se converterem em obstáculos ao desenvolvimento de um modelo assistencial de qualidade relacionado à população LGBT. A despeito do trabalho realizado no processo transexualizador poder colidir com algumas moralidades religiosas, mostrou-se importante a decisão da equipe de manter o profissional que alegou impedimento religioso para a prescrição de hormonioterapia, respeitando sua decisão, mas qualificando com firmeza sua abordagem nos atendimentos.

Cano-Prais *et al.* nos (re)apresentaram um cenário amplo do país em que as violências contra a população trans tem sido invisibilizada nas estatísticas governamentais e é pouca a intervenção do Estado na afirmação de seus direitos (através de políticas públicas) e orquestrada, na maioria das vezes, a intervenção no sentido de suprimi-los. Para as(os) autoras(es), a precariedade do processo transexualizador reflete essa precariedade mais ampla da arena político-democrática.

A assistência à saúde de pessoas trans na forma como tem sido construída nas instituições de saúde é afetada rotineiramente pelo desconhecimento das(os) profissionais, pelos preconceitos que muitas(os) expressam, por uma interpretação patológica das experiências trans, pelo desrespeito ao nome social. Tudo isso contribui para o afastamento de parte considerável da população trans usuária dos serviços de saúde. O argumento frequentemente utilizado por profissionais de saúde que protagonizam essas ações é o "discurso do não-saber" (Paulino *et al.*, 2019), que supostamente as(os) impediria de abordarem questões de gênero e sexualidade, sobretudo fora de uma perspectiva cis-heteronormativa. Em relação à formação médica, esse suposto "não saber" oculta de fato uma abordagem inadequada dos cursos de graduação, focada no binarismo de gênero e no essencialismo biológico.

A experiência das(os) autoras(es) no âmbito formativo em medicina as(os) habilita a afirmar que pensar no cuidado à saúde de pessoas trans implica pensar a medicina e a sexualidade. Elas(es) apresentam suas experiências como integrantes do Departamento de Medicina de Família, Saúde Mental e Coletiva

(DEMSC) da Escola de Medicina da Universidade Federal de Ouro Preto (EMED/UFOP) e a importância da atuação interdisciplinar das(os) docentes, que tem possibilitado espaço para discussão do lugar da medicina na produção de violência e exclusão de pessoas trans e pessoas de sexualidades dissidentes.

Embora o DEMSC tenha essa característica, o currículo médico como um todo enseja a proximidade com abordagens patologizantes e/ou criminalizantes da transexualidade, sob a influência da psicopatologia e da sexologia estadunidense. Desta forma, sob o verniz da cientificidade, são perpetuados julgamentos morais e classificações etiológicas normatizadoras, que reiteram a medicina como um "dispositivo" no sentido foucaultiano.

As(os) autoras(es) do artigo apresentaram como parte de seu trabalho na universidade alguns movimentos que integram um processo maior e constante de abertura para diálogos, indagações, contingências e criatividade. Esse processo não ambiciona ser uma receita de bolo para a implementação de mudanças na formação médica, mas tem provocado efeitos nas propostas formativas do DEMSC. Esses movimentos se deram a partir da inclusão e exclusão de determinadas disciplinas, da realização de eventos técnico-científicos transdisciplinares relativos ao tema, da fundação de um núcleo de pesquisa e extensão para discussões de gênero sexualidade e práticas médicas, bem como do acompanhamento próximo (e crítico) da constituição de um ambulatório trans, assim como do movimento de inserir a assistência à saúde de pessoas trans no âmbito da Residência de Medicina de Família e Comunidade (MFC), um ambiente acolhedor de debates democráticos.

Um efeito positivo desses diferentes esforços na formação médica, destacado pelas(os) autoras(es), tem sido a capilarização das discussões relacionadas à saúde integral da população LGBT na direção das equipes de saúde da família e de seus territórios de atuação, um importante investimento na Atenção

Primária em Saúde, o que também tem sido potencializado através de projetos de extensão.

Pelo conjunto das reflexões trazidas nesta preciosa coletânea, vemos que, se a PNSI-LGBT é de fato uma criança criada em condições hostis (o que também é válido para um de seus braços: o processo transexualizador), esta obra expressa a potência do processo de cuidado também em termos programáticos, compreendido no planejamento das políticas sociais. Trata-se de profissionais e gestores(as) da política de saúde e da educação superior integrados com radicalidade no eixo da qualificação da assistência em saúde dirigida às pessoas trans. Seus estudos, sua garra, seu engajamento como militantes do SUS, seu cuidado com a dimensão assistencial expressam o quanto esta criança está viva e plena de possibilidades.

Que iniciativas bibliográficas como esta – tão generosas em sua didática concepção – possam acontecer com maior frequência. Que contribuam para o fortalecimento do processo transexualizador como política pública, justamente em sua dimensão mais potente: sua criação descentralizada, crítica, na perspectiva da integralidade, da transprofissionalidade e com forte participação social de suas(seus) usuárias(os). É o meu desejo e acredito que de todos(as) que combatem desigualdades sociais.

Verão de 2022.

Capítulo 1

Entrelaçando trabalho e afetos: breve relato sobre a construção do Comitê Técnico de Saúde Integral LGBT de Minas Gerais a partir do olhar da gestão

Luisa Azeredo Silveira e Rosa Maria dos Santos

Introdução

As Políticas de Promoção da Equidade em Saúde se constituem como um conjunto de políticas direcionadas a populações específicas, a partir da compreensão dos impactos dos determinantes sociais da saúde (DSS), que geram diferentes vulnerabilidades e importantes iniquidades no acesso à saúde. A Organização Mundial da Saúde (OMS) define esses determinantes como as condições sociais em que as pessoas vivem e trabalham. Buss e Pellegrini Filho (2007) complementam esse conceito ao conceberem os DSS como fatores sociais, econômicos, culturais, étnicos/raciais, psicológicos e comportamentais que influenciam a ocorrência de problemas de saúde e os seus fatores de risco na população.

Tais determinantes inter-relacionam-se com a saúde, estabelecendo ligações entre os fatores distais, sociais, econômicos, políticos e os relacionados aos modos de vida que afetam diretamente a situação de saúde de grupos e das pessoas (Vianna, 2015). Essa inter-relação revela as desigualdades estruturais presentes na sociedade brasileira, sendo, portanto, atravessada pelas diferentes formas de preconceito e discriminação que são perpetuados por processos sócio-históricos ao longo do tempo. Entre eles, incluem-se o racismo estrutural, o machismo, o patriarcado e as opressões em decorrência da identidade de gênero e orientação sexual daqueles e daquelas que não respondem ao padrão cis-heteronormativo presente na sociedade.

A partir dessa compreensão ampla e interseccional, os DSS podem ser redimensionados, permitindo a compreensão de como características, que até então eram vistas como individuais (como raça/cor, identidade de gênero e orientação sexual), quando analisadas na perspectiva estrutural da sociedade brasileira, impactam o trânsito de determinados grupos no tecido social. De fato, os diferentes valores atribuídos a essas características ao longo dos processos sócio-históricos são fundamentais na geração de vulnerabilidades específicas que se refletem nas demandas de acesso à saúde.

As Políticas de Promoção da Equidade em Saúde partem, nesse sentido, do princípio de que formas de preconceito e discriminação associados à raça/cor, orientação sexual e identidade de gênero, cultura, nacionalidade e outros compõem os DSS. O foco de suas ações engloba, portanto, as pessoas privadas de liberdade, os adolescentes em conflito com a lei, os migrantes, as populações dos campos, florestas e águas, os povos e comunidades tradicionais, as populações em situação de rua, as pessoas negras e as pessoas LGBT (lésbicas, gays, bissexuais, transexuais e travestis).

No que tange à saúde LGBT, é nítido o impacto dos DSS nos caminhos (e descaminhos) traçados por essa população na busca pelo cuidado. O desrespeito ao nome social, à autodeclaração da identidade de gênero e da orientação sexual e o não preenchimento dos campos de identidade de gênero e orientação sexual nos sistemas de informação são alguns fatores que contribuem para a invisibilidade dessas pessoas.

Contribui para essa invisibilidade, também, o cotidiano da assistência voltada para esse público, marcado por recorrências de olhares e abordagens vexatórias nos serviços de saúde, por ausência de protocolos que abarcam as suas especificidades, assim como por dificuldades de acesso, de forma segura e apoiada, tanto ao processo transexualizador, como à educação, ao trabalho e às demais políticas públicas (Lionço, 2008). Essa situação reflete a reprodução do preconceito e da segregação social em relação aos corpos que subvertem o padrão cis-heteronormativo no âmbito dos serviços e dos atendimentos prestados pelos profissionais.

No intuito de modificar essa realidade, em 2011 foi publicada a Política Nacional de Saúde Integral LGBT (PNSI-LGBT), que é considerada um divisor de águas para as políticas públicas de saúde no Brasil e que se constituiu como um marco histórico de reconhecimento das necessidades e especificidades dessa população. A construção da PNSI-LGBT seguiu as diretrizes de governo expressas no Programa Brasil sem Homofobia e teve como marca o reconhecimento dos efeitos da discriminação e da exclusão no processo de saúde-doença-cuidado da população LGBT. Ela foi elaborada em parceria com representantes dos movimentos sociais e teve como objetivo principal promover a saúde integral dessa população e eliminar a discriminação e o preconceito institucional. Sua proposta contribuiria não só para a redução das desigualdades, mas também para a consolidação do Sistema Único de Saúde (SUS) como sistema universal, integral e equitativo (Brasil, 2013).

No âmbito do cuidado às pessoas transexuais e travestis, os objetivos e diretrizes da PNSI-LGBT incluem: implementação de ações, serviços e procedimentos no SUS com vistas ao alívio do sofrimento, dor e adoecimento relacionados aos aspectos de inadequação de identidade corporal e psíquica; consolidação da garantia de acesso ao processo transexualizador e do uso do nome social no âmbito do SUS, de acordo com a

Carta de Direito do Usuário da Saúde; definição de estratégias setoriais e intersetoriais que pudessem reduzir a morbidade e a mortalidade de travestis; prevenção de novos casos de câncer de próstata entre travestis e mulheres transexuais e ampliação do acesso ao tratamento; mitigação dos problemas relacionados à saúde mental, como depressão, suicídio e uso abusivo de álcool e outras substâncias, a partir de ações de prevenção, promoção e recuperação da saúde. O documento da PNSI-LGBT é enfático quanto à necessidade de implantar ações que envolvam a assistência integral à saúde, a educação permanente em saúde, a educação popular, a promoção e vigilância em saúde, a participação e o controle social para orientar a construção de práticas efetivas que visem a melhoria das condições de saúde dessa população (Brasil, 2013).

Mais que um campo de trabalho, o compromisso com a saúde LGBT e com as Políticas de Promoção da Equidade em Saúde é um pacto coletivo em busca de uma sociedade mais justa e igualitária para todas e todos, permeado de lutas e afetos. Por isso, não é possível escrever sobre ele de outra forma que não seja entrelaçando o trabalho com um olhar pessoal e reflexivo. Nesse sentido, para além de um artigo meramente científico, este texto tem como objetivo registrar uma parte da história de construção dessa política no estado de Minas Gerais a partir de um olhar autorreflexivo, crítico e de resgate de documentos, histórias, relatos e vivências partilhadas, visto ser escrito por duas servidoras públicas que estão, desde o começo, inseridas nesta construção da política. Nosso intuito é tornar esta história conhecida, para, a partir dela, vislumbrarmos novos caminhos a serem traçados, já que, como diz o poeta: "o que foi feito é preciso conhecer para melhor prosseguir".[1]

---

[1] Trecho da canção "O Que Foi Feito Devera (de Vera)", composta por Milton Nascimento e Fernando Brant.

"O que foi feito é preciso conhecer para melhor prosseguir": breve histórico dos (des)caminhos da Política Nacional de Saúde Integral LGBT no estado de Minas Gerais

Em Minas Gerais, a discussão das políticas de promoção da equidade iniciou-se, entre os anos de 2014 e 2015, com a Superintendente de Atenção Primária à Saúde, Maria Aparecida Turci, que, em uma intervenção pioneira na Secretaria de Estado de Saúde (SES), abriu, definitivamente, as portas para esse debate. Foi, a partir da articulação com a Coordenadoria de Diversidade Sexual, da extinta Secretaria Estadual de Direitos Humanos, Participação Social e Cidadania, que a pauta LGBT passou a ser discutida no âmbito da Atenção Primária à Saúde.

A princípio, o debate localizou-se no Núcleo de Políticas de Promoção da Equidade em Saúde, estrutura administrativa nova na época cujo funcionamento era informal e sem coordenação oficial. A necessidade de trabalhar com a saúde LGBT estava posta, mas por onde começar? Iniciamos buscando nos qualificar, estudando as políticas nacionais, conhecendo experiências exitosas de serviços atuantes em Minas Gerais e em outros estados, investigando artigos e publicações. Na procura por respostas e amparados pelo Departamento de Apoio à Gestão Participativa do Ministério da Saúde, a necessidade de construção de um Comitê Técnico[2] com representação da sociedade civil para a discussão do acesso à saúde começou a se desenhar em nossos debates.

Para iniciar a construção desse espaço em Minas Gerais foi necessária uma ampla mobilização, feita a muitas mãos. Optou-se pela realização de uma plenária com representantes dos movimentos sociais para discussão da proposta de

---

[2] Os comitês técnicos constituem-se como instâncias de assessoramento, discussão e orientação de estratégias voltadas à promoção da equidade em saúde, com o objetivo de construir ações diferenciadas para grupos populacionais que possuem necessidades específicas.

composição do Comitê Técnico, bem como para eleição dos representantes da sociedade civil para a população LGBT nesse espaço. Para a realização desse evento, foi realizado amplo levantamento dos movimentos atuantes no estado, elaborada uma lista de contatos dos principais movimentos e elencadas as principais experiências de outros estados que pudessem compartilhar conosco os seus conhecimentos.

Assim, em 16 de dezembro de 2015, a SES realizou a Plenária Estadual de Entidades e Movimentos Sociais LGBT com o objetivo de discutir a proposta de composição do Comitê LGBT, valorizando e garantindo, desde a sua construção, a participação dos movimentos sociais. O evento contou com a participação de representantes das entidades que atuavam em prol dos direitos LGBT, com a apresentação do trabalho desenvolvido pelo Hospital de Clínicas da Universidade Federal de Uberlândia e com a exposição da experiência inovadora da Coordenação de Saúde Integral da População LGBT do estado de Pernambuco. Ao término, os membros presentes discutiram as principais dificuldades de acesso aos serviços de saúde, levantando propostas a serem analisadas pelo futuro Comitê Técnico de Saúde Integral LGBT de Minas Gerais.

Foto: Oswaldo Afonso

Foto 1: Mesa de Abertura da Plenária de Movimentos Sociais LGBT para composição do Comitê Técnico de Saúde Integral LGBT.

Ressaltamos que esse avanço só foi alcançado mediante a aproximação entre a gestão estadual e a sociedade civil organizada. Como fruto dessa parceria, foi publicada a Resolução Conjunta SES/SEDPAC/SEE-MG, n.º 207, de 17 de novembro de 2016,[3] que instituiu e dispôs sobre composição, competências e funcionamento do Comitê Técnico de Saúde Integral LGBT de Minas Gerais. Posteriormente, novos serviços e atores[4] chegaram para contribuir com o debate e essa resolução foi atualizada.

Foto: Marcus Ferreira

Foto 2: Reunião do Comitê Técnico de Saúde Integral LGBT.

Como frutos do trabalho deste grupo, podemos destacar:

a) Organização de processos formativos como promoção de webseminários e rodas de conversa, participação em eventos

---

[3] O *delay* no tempo entre a composição desse comitê e a sua formalização, situação que se repetiria em outros momentos, evidencia que as barreiras para o debate sobre esse tema também são institucionais.

[4] Atualmente, a composição do Comitê Técnico LGBT possui representação da Superintendência de Atenção Primária à Saúde, da Superintendência de Assistência Farmacêutica, das áreas temáticas de Saúde Mental, Atenção Especializada à Saúde, Políticas de Gestão Hospitalar, Saúde da Mulher, Doenças Crônicas, Análise de Situação de Saúde e IST/AIDS,

e construção de parcerias com a Escola de Saúde Pública e com o canal de Telessaúde da Universidade Federal de Minas Gerais;

b) Apoio na Habilitação do Hospital de Clínicas da Universidade Federal de Uberlândia como Serviço Especializado no Processo Transexualizador pelo Ministério da Saúde;

c) Apoio na construção do Ambulatório Trans Anyky Lima, do Hospital Eduardo de Menezes (HEM), Fundação Hospitalar do Estado de Minas Gerais, inaugurado em novembro de 2017;

d) Inserção das especificidades da população LGBT nas campanhas do Novembro Azul e Outubro Rosa, bem como nas demais políticas de saúde do estado;

e) Estabelecimento de Notas Técnicas e orientações para atendimento e preenchimento dos sistemas de informação;

f) Construção da proposta do Selo de Promoção da Equidade em Saúde, recentemente inserida na Política Estadual de Promoção à Saúde como indicador que prevê a realização de ações direcionadas à população LGBT e demais políticas de promoção da equidade em saúde pelas Secretarias Municipais de Saúde, associadas a recebimento de incentivo financeiro;

g) Publicação da Política Estadual de Saúde Integral LGBT no estado de Minas Gerais, a partir da Deliberação CIB-SUS/MG n.º 3.202, de 14 de agosto de 2020, que consolidou os quase seis anos de atuação deste grupo e de todas e todos que por ele passaram ao longo dos anos (Minas Gerais, 2020).

---

da Superintendência de Programação Assistencial, da Subsecretaria de Gestão Regional, da Superintendência de Gestão de Pessoas, da Assessoria de Comunicação Social, da Coordenadoria de Diversidade Sexual da Secretaria de Estado de Desenvolvimento Social, do Conselho Estadual de Saúde de Minas Gerais, da Escola de Saúde Pública de Minas Gerais, do Conselho de Secretarias Municipais de Saúde Minas Gerais, do Hospital de Clínicas da Universidade Federal de Minas Gerais, do Hospital de Clínicas da Universidade Federal de Uberlândia, da Fundação Hospitalar do Estado de Minas Gerais, além dos representantes da sociedade civil dos segmentos de pessoas lésbicas, gays, bissexuais, travestis e transexuais.

Essa Política foi construída a partir de um amplo modelo participativo, composto por quatro oficinas realizadas junto ao Comitê Técnico de Saúde Integral LGBT e parceiros externos, como Ordem dos Advogados do Brasil, Conselho Regional de Psicologia, Conselho Regional de Serviço Social e Universidade Federal de Minas Gerais. A partir dela estabelecemos um Plano Operativo que traz ações nos seguintes eixos estratégicos: Acesso à atenção integral à saúde; Promoção e vigilância em saúde; Educação permanente e educação popular em saúde; Mobilização, articulação, participação e controle social; e Monitoramento.

Foto: Marcus Ferreira

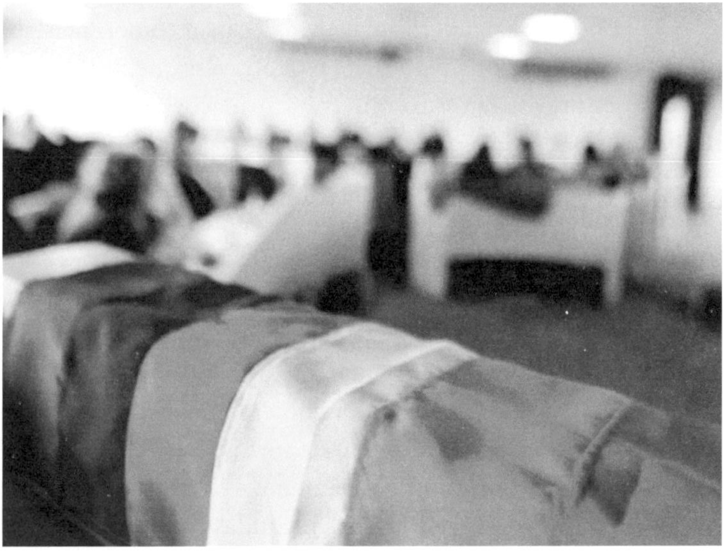

Foto 3: Reunião do Comitê Técnico de Saúde Integral LGBT.

Diante de tantas conquistas, não restam dúvidas de que a construção do Comitê Técnico de Saúde Integral LGBT de Minas Gerais propiciou a institucionalização dessa pauta no âmbito da SES. Entre as muitas configurações vivenciadas, ressaltamos a criação da Diretoria de Políticas de Promoção da Equidade em Saúde, em 2017, que, inicialmente, foi conduzida por Lorena Luiza Chagas Lemos. Lorena, bem como muitas e muitos que por ele passaram ao longo dos anos, atuou de forma decisiva na consolidação desse setor, semeando a construção de um SUS para todas e todos. Atualmente, os trabalhos seguem sendo conduzidos no âmbito da Coordenação de Saúde Indígena e Políticas de Promoção da Equidade em Saúde, ligada à Diretoria de Promoção à Saúde da Superintendência de Atenção Primária à Saúde da SES-MG. Como veremos, os desafios são muitos, mas o desejo de prosseguir é maior!

"Se muito vale o já feito, mais vale o que será"[5]: desafios atuais

O impacto da pandemia da covid-19, bem como a reestruturação do setor, no ano de 2019, e os atravessamentos da macropolítica brasileira trouxeram transformações profundas no trabalho da Coordenação de Saúde Indígena e Políticas de Promoção da Equidade em Saúde e, consequentemente, nas ações desenvolvidos pelo Comitê Técnico de Saúde Integral LGBT. O monitoramento do impacto da pandemia nas populações contempladas pelas Políticas de Promoção da Equidade em Saúde exigiu do setor uma atividade contínua e quase exclusiva para a construção de ações de enfrentamento e proteção voltadas para populações em situação de maior vulnerabilidade social. Entre elas, destacamos monitoramento de surtos, orientações para a garantia do cuidado e acompanhamento e organização do processo de vacinação de populações incluídas em grupos prioritários (indígena, quilombola, ribeirinha, privada de liberdade e em situação de rua). Esses desafios exigiram a centralização de esforços conjuntos para serem superados.

Essa mobilização, associada à impossibilidade de realização de encontros presenciais, teve impactos na celeridade do

[5] Trecho da canção "O Que Foi Feito Devera (de Vera)", composta por Milton Nascimento e Fernando Brant.

trabalho do Comitê Técnico de Saúde Integral LGBT, no cronograma das realizações de suas reuniões, bem como no avanço da implantação da política no estado. Demos, entretanto, alguns passos importantes. O trabalho da coordenação, nesse período, possibilitou a criação de orientações de atendimento à população LGBT na Atenção Primária no contexto da pandemia. Essas orientações compuseram o Guia Orientador da Atenção Primária à Saúde de Minas Gerais para o Enfrentamento da Pandemia de covid-19 (Minas Gerais, 2021). Além disso, foram realizadas videochamadas com o Comitê Técnico para o compartilhamento de ações a serem realizadas e para o acolhimento das demandas de pessoas transexuais e travestis, principalmente no que tange à garantia de atendimento ao cuidado do processo transexualizador. As mobilizações em alusão às datas de luta e visibilidades da população LGBT foram mantidas através de webpalestras, com parceira do Canal de Telessaúde da UFMG. Vale destacar, mais uma vez, a importância da parceria com a sociedade civil e dos movimentos sociais na efetivação de muitas conquistas e ações. Essas atrizes e atores, a partir de suas posturas firmes, atuantes e provocativas, garantem o avanço necessário na consolidação à saúde da população LGBT em todo e qualquer cenário.

Atualmente, temos buscado meios para retomar as reuniões periódicas e as demais agendas de trabalho previstas pelo Comitê Técnico. O nosso desejo é implementar ações e orientações da Política Estadual de Saúde Integral da População LGBT que constam no Plano Operativo, construído e aprovado pelo Comitê, com vigência de quatro anos. Especialmente em relação à assistência das pessoas transexuais e travestis, temos como importantes desafios a ampliação do cuidado especializado ao processo transexualizador na modalidade ambulatorial, a oferta dos procedimentos cirúrgicos, conforme previsto na Portaria n.º 2.803, de 19 de novembro de 2013 (Brasil, 2013), bem como a construção desse cuidado em rede, de forma a garantir o acesso com equidade para todo o território de Minas Gerais.

Articular o cuidado em rede e garantir o acesso aos procedimentos cirúrgicos são fundamentais em nosso contexto, uma vez que temos apenas dois serviços para o cuidado especializado no processo transexualizador, ambos atendendo em modalidade ambulatorial: o Centro de Referência e Assistência Integral para a Saúde Transespecífica (CRAIST) do Hospital de Clínicas da Universidade Federal de Uberlândia – já habilitado pelo MS e com notória experiência na assistência a essa população – e o Ambulatório Trans Anyky Lima – em funcionamento em Belo Horizonte há quatro anos, no Hospital Eduardo de Menezes, e que aguarda a publicação de habilitação pelo MS. Como ambos os serviços estão em funcionamento há mais de dois anos, já possuem pacientes aptos à realização dos procedimentos cirúrgicos, sendo a organização para a garantia desse acesso um desafio a ainda ser superado.

Cabe destacar, ainda, que, em nosso estado, existe o Ambulatório de Saúde do Adolescente do Hospital Infantil João Paulo II, situado em Belo Horizonte, que acolhe adolescentes transexuais na perspectiva do cuidado integral à saúde e tem se tornado uma importante referência nesse tipo de assistência.

Sabemos que ainda estamos longe da efetivação da política e da consolidação do direito à saúde da população LGBT e que muitos obstáculos precisam ser superados. Mas também sabemos que o caminho que vislumbramos percorrer está sedimentado pelo trabalho de todas e todos que por ele passaram e que nos motivam, a cada dia, a seguir adiante, independentemente dos cenários vividos. Seguimos no compromisso coletivo de um mundo com justiça social e de uma saúde pública, universal, de qualidade e tão diversa como as usuárias e os usuários do SUS. Deixamos, assim, pelo que já foi feito e o que será, os nossos mais sinceros agradecimentos:

A todas e todos que iniciaram este trabalho e que contribuíram para a construção das Políticas de Promoção da Equidade em Saúde no estado de Minas Gerais, como Maria Aparecida Turci, Nerice Ventura, Lorena Luiza Chagas Lemos, Euler Augusto Linhares Brazil, Douglas Miranda e tantos e tantas mais que passaram pelo setor das Políticas de Promoção da Equidade em Saúde ou com ele dialogaram proximamente;

A todas e todos os representantes da sociedade civil que integram e integraram o Comitê Técnico de Saúde LGBT, pela parceria, entrega, luta e provocações que nos fazem avançar e nos impedem de acomodar;

A todas e todos os(as) estagiários(as) da coordenação pelo compromisso, alegria e suporte nos momentos difíceis;

Às 28 Unidades Regionais de Saúde de Minas Gerais, que seguem atuantes e dispostas na construção de ações junto aos municípios;

À atual equipe da Superintendência de Atenção Primária (2019-2021), da Diretoria de Promoção à Saúde e da Coordenação de Saúde Indígena e Políticas de Promoção da Equidade em Saúde pelo compromisso incansável na construção do SUS para todas e todos.

Referências

BUSS, P. M.; PELLEGRINI FILHO, Alberto. A saúde e seus determinantes sociais. *PHYSIS: revista de Saúde Coletiva*, Rio de Janeiro, v. 17, n. 1, p. 77-93, abr. 2007. Disponível em: https://bit.ly/3s2gefS. Acesso em: 2 dez. 2021.

BRASIL. Ministério da Saúde. Secretaria de Gestão Estratégica e Participativa. Departamento de Apoio à Gestão Participativa. *Política Nacional de Saúde Integral de Lésbicas, Gays, Bissexuais, Travestis e Transexuais*. Brasília, DF, 2013. Disponível em: https://bit.ly/3MO07L1. Acesso em: 2 dez. 2021.

MINAS GERAIS. Secretaria de Estado de Saúde de Minas Gerais. Deliberação CIB-SUS/MG n.º 3.202, de 14 de agosto de 2020. Disponível em: https://bit.ly/3OUXpVF. Acesso em: 2 dez. 2021.

MINAS GERAIS. Secretaria de Estado de Saúde de Minas Gerais. *Guia Orientador da Atenção Primária à Saúde (APS) de Minas Gerais para o Enfrentamento da Pandemia de COVID-19. 5ª versão*. Belo Horizonte, jun. 2021. Disponível em: https://bit.ly/3kysEYU. Acesso em 2 dez. 2021.

LIONÇO, T. Que direito à saúde para a população GLBT? Considerando direitos humanos, sexuais e reprodutivos em busca da integralidade e da equidade. *Saúde e sociedade*, São Paulo, v. 17, n. 2, p. 11-21, jun. 2008.

VIANNA, L. A. C. *Determinantes sociais de saúde: processo saúde doença*. Curso UNA-SUS. [s. l.], 2012. Disponível em: https://bit.ly/3KCsMBd. Acesso em: 2 dez. 2021.

Capítulo 2

Desafios e conquistas na prática de atendimento a pessoas trans e as vivências no Ambulatório Trans Anyky Lima

Miguel de Castro Santos, Eduardo Siqueira Fernandes e Eduardo Ribeiro Mundim

Introdução

Em que pese todo o percurso do Sistema Único de Saúde brasileiro desde a Lei n.º 8.080, de 1990, até os dias de hoje, há ainda muito o que se discutir e construir quando pensamos em diversidade e cuidados à saúde. A elaboração de políticas públicas nesse campo segue esbarrando em entraves sociais importantes. Particularmente, no que se refere a pessoas travestis e transexuais, o que se vê é o que Bento (2014) trata de "cidadania precária", ao constatar que, para essa parcela da população, direitos fundamentais vêm "a conta-gotas". Lanz (2016) nos alerta para o fato de que, historicamente, pessoas trans ocupam uma posição social em que, mesmo havendo existência material, não há uma identidade reconhecida e legitimada, isto é, devidamente inserida no discurso vigente. Muito tem sido discutido a respeito nos últimos anos; os avanços existentes são alcançados à custa de muita mobilização de movimentos sociais e de entidades civis e acadêmicas ligadas, mas ainda há um longo caminho a percorrer.

Dessa forma, antes de analisar de maneira mais aprofundada o que há em termos de políticas públicas voltadas à saúde de pessoas trans no Brasil, é importante entender que existe um contexto histórico de rechaço à diferença muito anterior à ideia de saúde coletiva como prática instituída. Podemos pensar a divisão social dos indivíduos entre seres inteligíveis e ininteligíveis (com base no critério de continuidade entre gênero, sexo e desejo) à luz de dois pensadores do tema: Michel Foucault e Judith Butler. Ambos trazem à tona a discussão sobre como uma série de práticas sociais vigentes criam normas prescritivas com relação às performances de gênero nas culturas ocidentais a partir do século XVIII.

Para Foucault (2018), na transição do século XVIII para o século XIX – com a construção de uma sociedade disciplinar –, passa a ocorrer uma explosão discursiva a respeito das práticas sexuais, com o objetivo de se definir o que seria normal e o que estaria fora da norma, numa maneira de controlar os corpos. Para além da hipótese de que há nesse período um comportamento repressivo, em que não se poderia falar sobre o sexo, Foucault defende que o tema era, na verdade, muito falado, a fim de se desenvolver estratégias de controle. O filósofo cita quatro estratégias utilizadas para colocar em prática essa forma de controle: a histerização do corpo da mulher, a pedagogização do sexo da criança, a socialização das condutas de procriação e a "psiquiatrização" do prazer perverso (Foucault, 2018). Leite Jr. (2008), analisando Foucault, aponta que desde o final do século XVIII, com a transformação política e epistemológica ocorrida no conhecimento, surge um conceito mais claro de que há dois sexos distintos acompanhados de duas psiques diferentes: a partir daí, as fronteiras entre masculinidade e feminilidade, suas normas sadias e seus desvios patológicos serão constantemente reorganizados e questionados. Também segundo este autor, é nessa mesma época que surge a estratégia discursiva sobre a "defesa da sociedade", uma luta cotidiana para legitimar, legalizar e justificar estratégias de controle social que privilegiem determinados grupos em relação a outros (Leite Jr., 2008), presente de maneira bastante marcante e contundente no Brasil atual.

Para Judith Butler (2003), há socialmente uma matriz de inteligibilidade de gênero, em que alguns corpos são lidos como inteligíveis, "possíveis", e outros não. Os sujeitos vistos como "possíveis" dentro dessa lógica vigente são aqueles que vivenciam uma continuidade entre sexo, gênero e desejo, e os indivíduos que não vivenciam esta continuidade são rechaçados do discurso. Há, portanto, uma série de atos estilizados, que, de maneira repetida, acabam por gerar uma série de regras prescritivas de comportamento que definem o que é ser homem e o que é ser mulher, em uma lógica polarizada. Tudo o que foge a essa lógica é não reconhecido, afinal, toda possibilidade de trânsito nesse campo é ameaçadora (Teixeira, 2012). Tais invocações performativas dos gêneros, que ocorrem de uma maneira não voluntarista (Preciado, 2017), funcionam como efeito e causa para perpetuação de um modo de funcionamento social.

Butler, assim como outros pensadores, ressignifica a palavra "queer" – historicamente utilizada em países de língua inglesa de maneira pejorativa para se referir à diversidade no campo de identidade de gênero e orientação sexual (Louro, 2018) – para embasar os estudos queer, que nos mostram como a todo momento lidamos com atos performativos que enunciam papéis de gênero dentro de uma lógica binária e, por isso, segregadora. Louro (2018) afirma que se trata de um campo que permite rupturas e desconstruções para desestabilizar os discursos que sustentam a cis-heterossexualidade como imperativo de normalidade.

A partir dessa contextualização sobre a forma como a diversidade é lida no discurso social, em seu *modus operandi* de segregação de determinadas formas de existir, torna-se mais possível fazer uma leitura das políticas e práticas existentes no campo saúde. No presente capítulo, analisaremos o que há atualmente no Brasil de políticas voltadas ao cuidado à saúde dessa população para, na sequência, trazermos um pouco de nossa vivência como membros da equipe do Ambulatório Trans Anyky Lima, da Fundação Hospitalar do Estado de Minas Gerais, serviço do Sistema Único de Saúde que presta atendimento a pessoas trans de todo o estado de Minas.

Pessoas trans e políticas públicas no Brasil

Considerando os princípios da universalidade, equidade e integralidade, previstos no artigo 2º da Lei 8.080 de setembro de 1990, que versa sobre o funcionamento do Sistema Único de Saúde (SUS) no Brasil, e levando em conta a vulnerabilidade da população estudada, faz-se urgente o fortalecimento de políticas voltadas à saúde de pessoas trans em nosso país.

Embora não haja estudos sistemáticos sobre a expectativa de vida das travestis e transexuais femininas, por escassez de uma série de dados, a Associação Nacional de Travestis e Transexuais (ANTRA) estima que a expectativa de vida dessa população seja de algo em torno de 35 anos de idade, enquanto a da população brasileira em geral, segundo o Instituto Brasileiro de Geografia e Estatística (IBGE), é de 74,9 anos. O Brasil é o país com maior número absoluto de assassinatos de travestis e transexuais no mundo (Transgender Europe, 2015) durante os últimos onze anos (Benevides; Nogueira, 2021). A ANTRA, em seu *Dossiê dos assassinatos e da violência contra travestis e transexuais brasileiras em 2020*, fez um levantamento de 175 assassinatos de pessoas trans no ano de 2020, atentando para a importante subnotificação dos casos. Como não há dados oficiais de entidades governamentais de segurança pública a respeito do tema, a ANTRA todos os anos se debruça sobre notícias da mídia de assassinatos de pessoas trans para fazer tal levantamento. A própria ANTRA (Benevides;

Nogueira, 2021) reforça a subnotificação, ressaltando que muitas notícias na mídia não respeitam características básicas do indivíduo, como nome social ou pronome adequado, o que torna mais difícil a busca por tais informações.

Não há ainda no Brasil um instrumento de recenseamento que permita conhecer a população trans do país. Para além das repercussões anteriormente sinalizadas ligadas à segurança pública e direitos humanos, há também consequências disso na seguridade social, educação e, obviamente, na área da saúde. Fazendo um resgate histórico da criação das portarias e resoluções com relação à saúde dessa população, Amaral (2011) aponta como as normatizações nesse campo foram repletas de equívocos. A possibilidade de assistência à saúde de pessoas transexuais no Brasil surgiu, em um primeiro momento, a partir de portarias que colocam os procedimentos cirúrgicos como única forma de assistência (Amaral, 2011) e o médico como o centro desse cuidado, e até hoje os serviços voltados à saúde dessa população herdam as consequências dessa construção.

Sabe-se que as primeiras menções à assistência à saúde de pessoas trans vêm com o surgimento das resoluções do Conselho Federal de Medicina (CFM) e portarias do Ministério da Saúde (Trindade, 2015), no fim da década de 1990, que centralizavam os cuidados nos procedimentos cirúrgicos. Primeiramente, após mobilizações de movimentos civis à época, já que não havia nenhuma menção sequer à saúde dessa população no SUS, veio a Resolução 1.482 do Conselho Federal de Medicina de 1997. O documento apresentava vários problemas em seu texto, como o uso da palavra que remete à patologia, "transexualismo", além de definir a pessoa trans como "portador de desvio psicológico permanente de identidade sexual, [...] com tendência a automutilação e autoextermínio". Além disso, a resolução se limita às cirurgias às quais pessoas trans poderiam se submeter e a questões técnicas. A partir dessa resolução, percebemos um certo padrão, em que inicialmente o CFM publica uma resolução, e na sequência o Ministério da Saúde Pública uma portaria para normatização das ações em saúde nesse campo. Dessa forma, vêm em seguida as Resoluções do CFM 1.652/2002, 1.955/2010, 2.265/2019-2020, e as Portarias do Ministério da Saúde 1.707/2008 e 2.803/2013.

Sabemos da necessidade de regulamentações no campo dos procedimentos irreversíveis da transição de gênero, mas a crítica que deve ser feita – além daquela realizada aos textos dos documentos, muitas vezes repletos de equívocos – é ao fato de não haver um movimento oficial de organização das outras formas de cuidado, que também devem estar presentes. A transição vai muito além de procedimentos cirúrgicos – que muitas pessoas trans não desejam/necessitam realizar – e, pensando sobre esse aspecto, é fundamental a existência de uma diretriz sólida e completa com relação a tais cuidados, tanto em serviços especializados como em toda a rede de saúde. Sem isso, a transição social se torna uma série de recortes de procedimentos pré e pós-operatórios, e o resultado disso é que as pessoas trans acabam por serem levadas a reivindicarem um diagnóstico, com diversos atos performativos para a adequação a um *script* (Teixeira, 2009; Borba, 2014). Assim, o processo transexualizador como existe hoje acaba por anular a subjetividade, em um movimento em que as usuárias e os usuários não compartilham suas questões pessoais e psicológicas de fato para não colocarem em risco a ordem prescrita (Teixeira, 2009; Borba, 2014). Por fim, vale ressaltar que tais resoluções e portarias são frágeis, passíveis de revogação a qualquer momento, de acordo com movimentos políticos e ideológicos, diferentemente de outros países em que há uma legislação específica mais sólida – como exemplo, podemos citar a Lei de Gênero existente em outros países latinos, tais quais Argentina e Uruguai (Silva; Guimarães, 2017).

No que se refere às práticas nos serviços de saúde, Pereira e Chazan, em revisão integrativa de 2019, elencam diversos pontos importantes que nos permitem uma reflexão sobre o nível do cuidado em saúde que pessoas trans recebem no Brasil e no mundo. A seguir, alguns pontos em comum importantes extraídos de diferentes estudos que focavam nessa temática (Pereira; Chazan, 2019):

> 1) É comum por parte dos profissionais de saúde associarem a imagem da mulher trans/travesti à infecção por HIV. Assim, todo ou qualquer sintoma sempre remete à possibilidade de infecção, podendo causar iatrogenia ou atrasar um diagnóstico. 2) Os profissionais tendem a acreditar que qualquer sintoma seja associado a um efeito colateral da hormonização, o que pode ser chamado de "síndrome do braço quebrado trans". 3) Travestis relataram medo de serem maltratadas nos serviços de saúde, o que dificulta o acesso. 4) Muitas vezes, pessoas trans fingem não escutar quando são chamadas nos serviços de saúde pelo nome de registro da identidade, quando ainda não fizeram a retificação de nome. 5) O médico muitas vezes não toca no corpo da pessoa trans quando há indicação de exame físico; isso pode enfraquecer o vínculo e causar afastamento do serviço. 6) Pode haver automedicação devido ao medo de constrangimentos no acolhimento. 7) O acolhimento em locais onde há mais profissionais LGBTQIA+ aparenta ser mais adequado. 8) Transgêneros têm três vezes mais chances de escolher um "profissional que já atende outros LGBTs" (está entre seus três principais motivos de escolha), além de que escolhe muito mais o "profissional com conhecimento específico LGBT" do que cisgêneros. 9) Em centros especializados de atenção LGBT, as travestis e os profissionais se sentem mais à vontade com seus corpos, há, então, maior probabilidade de haver exame físico.

Diante de tantas limitações para um acesso de qualidade à saúde, pensar o funcionamento de um serviço de referência em uma lógica que rompa com o discurso vigente se torna fundamental. Dessa forma, para pensar a prática em um serviço de referência – bem como em toda a rede de serviços de saúde –, uma pergunta aqui será norteadora: como o conhecimento da realidade das pessoas trans no que se refere ao lugar social que ocupam, bem como às políticas de saúde específicas, pode interferir no cotidiano do serviço e criar uma prática clínica genuinamente libertadora?

O Ambulatório Trans Anyky Lima

O Hospital Eduardo de Menezes (HEM) começou a funcionar em 1954 com o nome de Sanatório do Estado de Minas Gerais, submetido à Secretaria Estadual de Saúde. Em 1977, passou a integrar a Fundação Hospitalar do Estado de Minas Gerais, (FHEMIG) e, no início da década de 1980, passa a se chamar Hospital Eduardo de Menezes, voltado ao atendimento em clínica médica e doenças pulmonares. Com o surgimento do vírus da imunodeficiência humana (HIV), o hospital abriu leitos para receberem os pacientes acometidos, até então com muitas dificuldades no acesso à saúde devido a todo desconhecimento e preconceito à época, e pouco tempo depois se tornou referência na assistência de pessoas que desenvolvem a AIDS, pessoas que vivem com HIV e com outras doenças infectocontagiosas; esta referência se mantém até hoje. Atualmente, o hospital presta assistência especializada em infectologia e dermatologia – áreas em que se tornou também um campo formal de estágio de programas internos e externos de residência médica –, além de receber muitos acadêmicos externos, atua também como importante espaço de ensino e pesquisa.

Em novembro de 2017, entrou em funcionamento no Hospital Eduardo de Menezes o Ambulatório Multidisciplinar Especializado na Assistência às Pessoas Trans e Travesti (AME-Trans), que conta com os autores do presente capítulo como alguns dos membros de sua equipe. O ambulatório também recebeu afetivamente o nome de Ambulatório Trans Anyky Lima –

categoria nativa que será utilizada no presente capítulo para ser referir ao serviço. Anyky Lima foi uma mulher transgênera, que nasceu no Rio de Janeiro e passou grande parte de sua vida em Belo Horizonte, envolvida na luta pelos direitos LGBTQIA+. Anyky frequentava o ambulatório, participava de muitos eventos com a equipe e tinha um vínculo importante de afeto. A decisão de colocar seu nome no ambulatório veio em um dos eventos de aniversário do serviço, e a ideia era justamente de homenagear uma mulher trans sexagenária, um ato simbólico para fazer refletir sobre a triste expectativa de mulheres trans e travestis no Brasil. A ativista fazia questão de reforçar tal homenagem em vida, retribuindo com uma parceria que foi importante para que o serviço acessasse vários espaços e criasse uma rede de apoio. Anyky Lima faleceu em abril de 2021.

Foto: Arquivo pessoal dos autores.

Foto 4: "A trans e a travesti são militantes desde quando se assumem. Elas militam quando vão à padaria, ao botequim. Quando elas mostram a cara e ocupam esses espaços, elas estão militando"[1] (Anyky Lima, 1955-2021, sempre presente).

[1] Trecho da entrevista "Anyky Lima. LGBT+60: corpos que resistem". *ODS 5*. 17 out. 2018. Entrevista concedida a Yuri Fernandes. Disponível em: https://bit.ly/37ZlABQ. Acesso em: 11 jul. 2022.

A cidade de Belo Horizonte já havia contado com outros serviços de assistência à população trans. Esses serviços, que nasceram muitas vezes por desejo pessoal dos profissionais que ali trabalhavam, tiveram sua importância durante seu tempo de funcionamento. Porém, por motivos internos deixaram de existir. O Ambulatório Trans Anyky Lima surge, então, na esteira da ausência de um serviço direcionado a essas pessoas. A demanda parte de pressões dos movimentos sociais civis e de usuárias(es/os) do Sistema de Saúde, além de entidades relacionadas, e após intensas reuniões e discussões entre a equipe do hospital e esses movimentos. Não diferente de outras regiões do país, em Minas Gerais, sempre houve escassez de serviços voltados a esse público – o único serviço especializado em funcionamento naquela época era o Centro de Referência e Assistência Integral para a Saúde Transespecífica (CRAIST), do Hospital de Clínicas da cidade de Uberlândia. Este se configurou como o primeiro programa de atenção integral à saúde transespecífica do estado. Trata-se de programa fundado em 2007, com grande experiência na abordagem à saúde de pessoas trans e sem um recorte de idade definido. O CRAIST tem como princípio a recusa à diretriz que prevê a necessidade de um diagnóstico prévio de transexualidade como porta de acesso ao cuidado, assim como às exigências das Portarias do Processo Transexualizador. A equipe se norteia durante todos esses anos na construção de um cuidado particularizado, sem formas rígidas e desprovido de certezas pré-estabelecidas (Teixeira, 2018). Essa forma de atuar permite que o cuidado seja realizado dentro de uma lógica despatologizante, sem abandonar princípios básicos da assistência (Prado, 2018).

O CRAIST já tinha um longo percurso quando o Ambulatório Anyky Lima surgiu. Em um dos primeiros atendimentos no ambulatório, surgia um impasse que mudaria totalmente os rumos das práticas de uma equipe ainda tão incipiente. Uma pessoa não binárie trazia algumas demandas muito particulares com relação à hormonização, e a sua relação com o corpo chamou bastante atenção da equipe: aquela pessoa tinha uma vivência muito própria do gênero, que não seguia padrões estabelecidos socialmente que talvez fossem esperados, a princípio – numa lógica binária –, para pessoas trans. Experimentava uma liberdade com relação à sua identidade que nos mostrava que as questões de identidade de gênero estão dentro muito mais de um espectro do que de um pêndulo. Era uma pessoa muito envolvida com a militância e com estudos queer, que nos abriu os olhos para a subjetividade e para entender a importância do cuidado particularizado. Sobre essa construção subjetiva do cuidado, Prado (2018) nos diz:

> Impor a tarefa de despatologizar experiências da vida que estão sendo patologizadas há séculos é uma tarefa bastante árdua, mas ter esse norte no contexto de um hospital onde tudo é diagnosticado, classificado, descrito e tratado, já se torna uma tarefa muito mais complexa, repleta de desafios novos, circunscrita em uma luta cotidiana contra nós mesmos, digo nós, os profissionais que sobrevivem em suas inteligibilidades pelos diagnósticos e códigos, pelos processos classificatórios e terapêuticos (Prado, 2018, p. 20).

A partir disso, mesmo a equipe tendo sido capacitada e preparada para o atendimento daquela população, todos entenderam que muito do que estava por vir ainda teria que ser estudado. Restava-nos ouvir as demandas e aprender com as particularidades de cada pessoa que nos buscava. Costa-Val *et al.* (2019) nos mostra como muitos profissionais do campo saúde muitas vezes se defendem contra o aprendizado de questões de diversidade por meio de uma "autorização de um não saber", isto é, enquanto para muitos assuntos os profissionais procuram literatura adequada para construírem o próprio conhecimento, é comum quando se pensa em diversidade que o profissional simplesmente diga que não sabe. É preciso combater essa lógica para avançar numa prática de qualidade. Analisando retrospectivamente, percebemos o quanto esse ocorrido inicial nos fez desenvolver uma capacidade de escuta ampliada para a construção individualizada dos projetos.

Inicialmente, o ambulatório funcionava às quintas-feiras pela manhã, tendo seu horário estendido depois de um período inicial para as quintas-feiras durante todo o dia, que segue sendo o horário atual de funcionamento. As pessoas atendidas são maiores de dezoito anos de idade. Conta com equipe multiprofissional composta por ginecologia, endocrinologia, psicologia, psiquiatria, serviço social, clínica médica/infectologia, entre outros profissionais parceiros que são acionados de acordo com demandas específicas. Por se tratar de um hospital do estado de Minas Gerais, atualmente já são mais de seiscentas pessoas de mais de sessenta cidades atendidas. Até o ano de 2020, a primeira marcação de atendimento no serviço era realizada via telefonema no primeiro dia útil do mês. Tal prática tinha como vantagem não haver grandes entraves para a marcação, mas à medida que o credenciamento no Ministério da Saúde avançou, a marcação passou a ser feita via Atenção Primária – enquanto equipe, acreditamos que a vantagem dessa forma de agendamento seja a de que muitas pessoas passarão a ser conhecidas e reconhecidas em seus territórios, o que é extremamente necessário.

No primeiro dia em que a pessoa passa pelo serviço, normalmente ela é atendida por serviço social, psicologia e clínica médica/infectologia – este último atendimento sendo uma avaliação clínica geral em saúde. A partir desse primeiro contato, o projeto singular é constituído em conjunto com equipe e paciente, avaliando possíveis encaminhamentos para endocrinologia, ginecologia e psiquiatria de acordo com as demandas próprias. Ao longo desses quatro anos, percebemos como as demandas são individuais e únicas – há pessoas que têm demanda de hormonização supervisionada, algumas também têm demanda cirúrgica, outras têm só uma dessas, e outras não têm desejo de passar por procedimentos corporais, podendo usufruir de outras formas de cuidados em saúde que não os citados acima. Não há até o momento da escrita deste texto um serviço público que realize os procedimentos cirúrgicos no estado de Minas Gerais. Assim, o cuidado se insere na modalidade ambulatorial.

Foto: Arquivo pessoal dos autores.

Foto 5: Ambulatório Trans Anyky Lima.

Mesmo estando sob a regulamentação do Portaria 2.803/2013 do Ministério da Saúde, evitamos criar critérios de elegibilidade para a permanência no ambulatório, entendendo que o cuidado supera em muito questões pré e pós-operatórias da transição social. Ao mesmo tempo, muitas demandas para além da transição são referenciadas para o território, no sentido de entendermos o indivíduo como um sujeito que circula, considerando quais espaços serão importantes para a construção do cuidado em rede. Nesse ponto, avaliamos interlocuções e discussões de caso com serviços como os Centros de Referência em Saúde Mental (CERSAMs), quando há alguma demanda mais urgente de saúde mental que necessitará de cuidados mais intensivos; os Centros de Referência em Assistência Social (CRAS) ou o Centro de Referência LGBT (CRLGBT), quando há uma demanda social mais específica; da mesma forma, acionamos os serviços de Atenção Primária e Secundária específicos. É muito importante preparar a Atenção Primária para cuidar das pessoas trans no território, seguindo as estratégias de matriciamento e referenciamento para articulação entre serviços de baixa, média e alta densidade tecnológica (Teixeira, 2018).

Ainda pensando nas redes, muitos parceiros surgiram ao longo desse período. Podemos citar como parceiros o Núcleo de Direitos Humanos e Cidadania LGBT (NUH) da Universidade Federal de Minas Gerais (UFMG), o Centro de Referência LGBT da Prefeitura de Belo Horizonte, a organização não governamental Transvest, o Ambulatório de Saúde do Adolescente do Hospital Infantil João Paulo II, o programa de extensão da UFMG Janela da Escuta, a Defensoria Pública do Estado de Minas Gerais e o próprio CRAIST, entre vários outros. Nesse sentido, acreditamos que o trabalho tecido em rede tem um potente alcance transformador.

Os desafios são muitos. Primeiramente, nos atentamos para o fato de o Hospital Eduardo de Menezes ser um hospital de infectologia, e algumas reflexões são necessárias a partir disso. Santos e Almeida (2019) recordam que foi no bojo da agenda de enfrentamento ao HIV/AIDS que as políticas de saúde voltadas à população trans foram sendo desenvolvidas de maneira gradual no Brasil. Não é incomum até hoje que serviços voltados à saúde de pessoas trans estejam vinculados à pasta que aborda a questão de doenças infectocontagiosas. É importante desvincular essa associação histórica, muitas vezes reducionista e simplista, para conseguirmos avançar rompendo preconceitos, tanto no que diz respeito à LGBTIfobia quanto à sorofobia. Nesse campo, todas as generalizações repercutiram em atrasos às populações relacionadas.

Além disso, sabemos que o funcionamento do ambulatório ainda é muito restrito – apenas uma vez por semana – em um hospital de difícil acesso: o HEM fica em uma regional da cidade afastada do centro, e muitas pessoas, mesmo as que vivem em Belo Horizonte, precisam fazer grandes deslocamentos, muitas vezes com vários transportes coletivos e várias horas, para terem acesso ao serviço. Ainda percebemos uma certa limitação no que diz respeito a populações específicas dentro da comunidade trans que ainda têm pouco acesso ao ambulatório, como pessoas trans privadas de liberdade, que trabalham no mercado do sexo ou pessoas que se encontram em situação de rua, por exemplo. Muitas discussões têm sido feitas pela equipe no sentido de se pensar formas de acessar essa população. Outra limitação foi a pandemia de covid-19: o Hospital Eduardo de Menezes foi um dos hospitais de referência do estado para internação de pacientes acometidos pela doença, e por isso durante a pandemia o ambulatório foi fechado algumas vezes para realocações de profissionais para o enfrentamento na linha de frente à pandemia no próprio hospital.

No ano de 2021, foi publicado por Reis e Santos o primeiro perfil sociodemográfico de usuários e usuárias do ambulatório especializado no processo transexualizador no Sistema Único de Saúde do Hospital Eduardo de Menezes. Trata-se de um amplo levantamento de várias características dos usuários e usuárias do serviço, que nos permitiu traçar melhor o panorama da população atendida. A partir da revisão do primeiro atendimento da psicologia nos prontuários, foi possível fazer uma análise que nos elucidou vários elementos sobre quem são as pessoas que circulam no ambulatório. Não foram aplicadas medidas de associação, sendo uma análise descritiva dos dados, o que permite futuramente que coortes sejam criadas para avaliar melhor o comportamento do grupo a longo prazo.

De acordo com Reis e Santos (2021), de janeiro de 2017 a março de 2020, de um total de 506 pessoas trans atendidas, 52% identificavam-se como homens transexuais (264 pessoas); 42%, mulheres transexuais (212 no total); 2%, travestis (12 pessoas), e 1% eram pessoas de outras identidades de gênero. Alguns dados chamam muita atenção, por exemplo: 76%

dos homens trans e 66% das mulheres trans atendidas(os) têm ensino médio completo; 77% dos homens trans e 63% das mulheres trans têm entre 18 e 29 anos de idade; 66% dos homens trans estão em um relacionamento estável enquanto 72% das mulheres trans não estão. 58% dos homens trans chegam ao ambulatório sem nunca terem usado qualquer tipo de hormônio ao longo da vida, enquanto 59% das mulheres trans já chegam tendo usado hormônios (apenas 4% de maneira assistida, sendo que 55% recorreram à automedicação). 61% das mulheres trans chegam com demanda de cirurgia de modificação da genitália, enquanto apenas 5% dos homens trans a desejam – nesses, a demanda maior é de mastectomia masculinizante, que chega a 79%. Avaliando alguns desses dados preliminares, vemos que a população que frequenta o ambulatório é, em sua maioria, de homens trans, jovens, com grau de escolaridade de ensino médio completo para mais do que isso (9% dos homens trans têm ensino superior completo); o que reforça o que foi dito anteriormente sobre a dificuldade de o ambulatório acessar uma parcela mais vulnerável da população trans.

Muitos são os problemas apresentados e é certo que outros surgirão durante a construção contínua dos cuidados do ambulatório. O Anyky Lima está inserido dentro de uma estrutura pública com funcionários contratados e sensível às mudanças políticas. A esfera política também se move de acordo com projetos governamentais, que algumas vezes podem não priorizar a assistência a essa parcela da população.

O trabalho no ambulatório mantém-se apesar das dificuldades impostas pelo momento. Depois de um período tão dramático quanto foi a pandemia de covid-19 no Brasil, e mesmo diante de todas as limitações já citadas, seguimos obstinados na busca por uma atenção de qualidade e pelo fortalecimento do Sistema Único de Saúde enquanto uma referência mundial. Que seja assim também no cuidado em saúde das pessoas que vivem as mais diversas experiências com relação à identidade de gênero.

Apontamentos finais

Acreditamos que um cuidado de qualidade à saúde de pessoas trans só é possível com uma escuta ampliada, ética e humana. Enxergamos os serviços especializados como uma extensão de apoio matricial para instrumentalizar a Atenção Primária e Secundária, numa construção dos casos na lógica territorial e em rede. E sobretudo entendemos que só haverá uma mudança nos tristes indicadores relacionados à população trans quando entrar em curso uma mudança discursiva de fato, em que se entenda que a cis-heterossexualidade não se trata de um imperativo de normalidade, e sim mais uma das formas de se vivenciar gênero e desejo, entre tantas outras possíveis.

Nesse aspecto, é importante salientar um dado subjetivo. O impacto principal do Anyky Lima não é a prescrição hormonal ou o encaminhamento a procedimentos cirúrgicos. É a legitimação social que empresta ao receber as pessoas transgêneras como cidadãs tanto quanto as cisgêneras, afirmando a inexistência da patologia "transgeneridade", empoderando-as através de cuidados simples de saúde frequentemente inacessíveis e reafirmando os impactos psiquiátricos como consequências da transfobia, e não como o berço da não cisgeneridade.

Referências

AMARAL, D. M. *Os desafios da despatologização da transexualidade: reflexões sobre a assistência a transexuais no Brasil.* Rio de Janeiro: Universidade do Estado do Rio de Janeiro, 2011. Tese (Doutorado em Saúde Coletiva – Ciências Humanas e Saúde) – Programa de Pós-Graduação em Saúde Coletiva, Instituto de Medicina Social, Universidade do Estado do Rio de Janeiro, Rio de Janeiro, 2011.

BENEVIDES, B. G.; NOGUEIRA, S. N. B. (Orgs.). *Dossiê dos assassinatos e da violência contra travestis e transexuais brasileiras em 2020.* São Paulo: Expressão Popular, ANTRA, IBTE, 2021. Disponível em: https://bit.ly/3LuMsYP. Acesso em: 11 nov. 2021.

BENTO, B. A. M. Nome social para pessoas trans: cidadania precária e gambiarra legal. *Contemporânea*, São Carlos, v. 4, n. 1, p. 165-182, jan./jun. 2014.

BORBA, Rodrigo. (Des)aprendendo a "ser": trajetórias de socialização e performances narrativas no processo transexualizador. Rio de Janeiro, Universidade Federal do Rio de Janeiro, 2014. Tese (Doutorado em Linguística Aplicada) – Programa Interdisciplinar de Pós-Graduação em Linguística Aplicada, Faculdade de Letras, Universidade Federal do Rio de Janeiro, Rio de Janeiro, 2014. Disponível em: https://bit.ly/3xmfKTU. Acesso em: 13 nov. 2021.

BUTLER, J. *Problemas de gênero: feminismo e subversão de identidade*. Rio de Janeiro: Civilização Brasileira, 2003.

BRASIL. Lei n.º 8.080, de 19 de setembro de 1990. *Diário Oficial da União*, Brasília, DF, 1990. Disponível em: https://bit.ly/3kt8YFP. Acesso em: 13 nov. 2021.

COSTA-VAL, A. *et al.* "Nunca me falaram sobre isso!": o ensino das sexualidades na perspectiva de estudantes de uma escola federal de medicina. *Revista brasileira de educação médica*, Brasília, v. 43, n. 1, suplemento 1, p. 108-118, jan. 2019.

FOUCAULT, M. (1988). *História da sexualidade I: a vontade de saber*. 7. ed. Rio de Janeiro/São Paulo: Paz e Terra, 2018.

LANZ, L. Ser uma pessoa transgênera é ser um não-ser. *Periódicus*, Salvador, v. 1, n. 5, p. 205-220, maio/out. 2016. Disponível em: https://bit.ly/3MEGfd0. Acesso em: 8 jul. 2022.

LEITE JR., J. *Nossos corpos também mudam: sexo, gênero e a invenção das categorias "travesti" e "transexual" no discurso científico*. São Paulo: Pontifícia Universidade Católica de São Paulo, 2008. Tese (Doutorado em Ciências Sociais) – Programa de Estudos Pós-Graduados em Ciências Sociais, Pontifícia Universidade Católica de São Paulo, São Paulo, 2008. Disponível em: https://bit.ly/3LFrbvy. Acesso em: 10 nov. 2021

LOURO, G. L. *Um corpo estranho: ensaios sobre sexualidade e teoria queer*. Belo Horizonte: Autêntica, 2018.

PEREIRA, L. B. C, CHAZAN, A. C. S. O acesso das pessoas transexuais e travestis à Atenção Primária à Saúde: uma revisão integrativa. *Revista Brasileira de Medicina de Família e Comunidade*, Rio de Janeiro, v. 14, n. 41, p. 1-16, jan./dez. 2019.

REIS, A. R., SANTOS, M. C. *Perfil sócio demográfico de usuários e usuárias do Ambulatório Especializado no Processo Transexualizador no Sistema Único de Saúde do Hospital Eduardo de Menezes, Belo Horizonte - Minas Gerais*. Campina Grande: Amplla, 2021.

PRADO, M. A. M. *Ambulare*. Belo Horizonte: PPGCOM UFMG, 2018.

PRECIADO, P. B. *Manifesto contrassexual: práticas subversivas de identidade sexual*. São Paulo: N-1 Edições, 2017.

SANTOS, M. C. B; ALMEIDA, G. S. Diversidade de gênero e acesso à saúde: desafios para o atendimento de pessoas transexuais no SUS. In: CONGRESSO BRASILEIRO DE ASSISTENTES SOCIAIS, 2019, Brasília. *Anais do 16º Congresso Brasileiro de Assistentes Sociais*. Brasília, 2019. Disponível em: https://bit.ly/3xwJUVD. Acesso em: 08 jun. 2022.

SILVA, M.; GUIMARÃES, E. F. Estudo comparativo das políticas públicas de direitos humanos LGBTs do Uruguai e Brasil. *Revista sociais & humanas*, Santa Maria, v. 30, n. 3, p. 73-90, dez. 2017.

TEIXEIRA, F. B. *Vidas que desafiam corpos e sonhos: uma etnografia do construir-se outro no gênero e na sexualidade*. Campinas: Universidade Estadual de Campinas, 2009. Tese (Doutorado em Ciências Sociais) - Instituto de Filosofia e Ciências Humanas, Universidade Estadual de Campinas, Campinas, 2009.

TEIXEIRA, F. B. Histórias que não têm era uma vez: as (in)certezas da transexualidade. *Revista Estudos Feministas*, Florianópolis, v. 20, n. 2, p. 501-512, maio/ago. 2012.

TEIXIERA, F. B. *et al.* Estratégias de resistência, existência e invenções de uma prática: entre um cotidiano de miudezas e um cuidado afetado. In: RIBEIRO, P. R. C. *et al.* (Orgs.). *Corpo, gênero e sexualidade: resistência e ocupa(ações) nos espaços de educação*. Rio Grande: Ed. da FURG, 2018.

TRINDADE, Mably. *Aspectos históricos do processo transexualizador no Rio de Janeiro*. Rio de Janeiro: Gramma, 2015.

Capítulo 3

"O SUS que dá certo": costurando tecnologias na produção do cuidado para a população trans

Camila Toffoli Ribeiro, Fabiano Gonçalves Lemos, Flávia do Bonsucesso Teixeira, Júnia Rodrigues Araújo, Marco Aurélio Máximo Prado, Sérgio Ferreira Júnior, Taciana Carla Maia Feibelmann e Wanderson de Andrade Fagundes

Introdução

Enfrentaremos nas próximas páginas o desafio de (re) contar a história de um serviço de saúde. Reunir fragmentos para sistematizar e refletir sobre os momentos de uma equipe que foi se (re)compondo ao longo dos anos. Apresentamos nossa única certeza: o serviço somos nós, uma equipe afetada pela produção de um cuidado para as pessoas que se reconhecem e são reconhecidas como travestis e/ou transexuais. Somos a equipe do Centro de Referência e Assistência Integral para a Saúde Transespecífica (CRAIST), atuamos num dos equipamentos do Complexo de Saúde do Hospital de Clínicas da Universidade Federal de Uberlândia com a responsabilidade de formar estudantes e pesquisadores(as), contribuir para a construção de conhecimentos e executar/aprimorar as políticas públicas que orientam nossa prática.

Nosso serviço teve início em 2007 e, desde então, temos como meta a produção de um cuidado que se sustenta no direito ao autorreconhecimento e se orienta pela autonomia e responsabilização compartilhada entre equipe e usuários(as) (Brito *et al.*, 2009; Teixeira; Rocha; Rasera, 2012; Rasera; Teixeira; Rocha, 2014; Prado, 2018; Teixeira *et al.*, 2018; Teixeira *et al.*, 2018b; Raimondi *et al.*, 2018; Teixeira *et al.*, 2019; Teixeira *et al.*, 2020). Quando identificamos pesquisas e relatos que apontam o uso do nome social, ou melhor, a recusa ou obliteração desse direito como barreira de acesso ao serviço de saúde, pensamos em como implantamos, ainda naquele início, a proposta que viria a inspirar o modelo que seria adotado pelo Ministério da Saúde (Ladeira, 2013). As recusas, o despreparo, as precariedades e as violências perpetradas pelos serviços de saúde constituem cicatrizes e tecido que estruturam as barreiras de acesso da população da Atenção Primária ao que se convencionou chamar por processo transexualizador no SUS, impactando também na qualidade e integralidade do cuidado a ser ofertado (Paulino, 2016; Ferreira, 2016; Fébole, 2017; Silva, 2018; Carvalho *et al.*, 2020).

Acreditamos no cuidado como um conjunto de atos, um processo relacional, que envolve um compromisso entre os sujeitos, exige corresponsabilização e afeto. Cuidar reivindica a singularidade, convoca a alteridade e, portanto, desafia questionar os rígidos limites traçados pelas normas/protocolos e portarias (Teixeira, 2017). Desse modo, pensar o cuidado à saúde numa abordagem despatologizante, no contexto das políticas de saúde e de dentro de um hospital sempre se configurou como enorme desafio tanto para os(as) usuários(as) quanto para os(as) profissionais (Prado, 2018; Santos *et al.*, 2020; Girotto *et al.*, 2021).

O CRAIST carrega em sua história a relação entre ensino-pesquisa-extensão e assistência. Reconhecemos a coragem daquele grupo formado por sete estudantes do terceiro período do curso de medicina que assumiram, entre curiosidade e medo, a responsabilidade de desenvolver um exercício de pesquisa sobre itinerários terapêuticos e práticas de cuidados das travestis que trabalhavam no mercado do sexo em Uberlândia-MG (Teixeira *et al.*, 2006) e que originaria o Programa de Extensão intitulado *Em Cima do Salto: saúde, educação e cidadania* (Teixeira *et al.*, 2007).

O programa *Em Cima do Salto: saúde, educação e cidadania* demandaria um capítulo à parte (Teixeira; Rasera; Calderari, 2021). A articulação entre os projetos *Educando pelos Pares, Vidas nas Calçadas* e *Ambulatório para a Saúde de Travestis e Transexuais* foi fundamental para que as ações do CRAIST fossem pensadas seguindo os princípios da educação popular em saúde e articuladas com o movimento social. Nascer das ruas e casas nas quais a prostituição é a principal ocupação das pessoas fez com que nosso modelo de cuidado trouxesse nas suas preocupações a articulação entre a casa, a rua e as famílias (incluindo as nucleares e as advindas de novos arranjos). A destinação de um lugar para cuidar da família no nosso serviço não vem de protocolos, normativas ou consensos internacionais. Entender as relações familiares e os modos de reconfigurações das famílias, bem como seus efeitos nos processos de transição, resultou de nossa participação no cotidiano delas a partir das ruas e pensões (Rocha e Rasera, 2015), o que foi também abrindo novas chaves na sistematização de um modo de cuidado no ambulatório (Araújo, 2019; Teixeira, 2020; Paulino; Pastor-Valero; Machin, 2021).

Construir-se em diálogo com o movimento social de travestis e transexuais, que nacionalmente apresentava demandas para o Ministério da Saúde, deu-se ao mesmo tempo em que, no município, o projeto Educando pelos Pares construía pontes e sentidos para a articulação e fortalecimento das travestis (Carrijo *et al.*, 2019; Carrijo *et al.*, 2020; Carrijo; Rasera;

Teixeira, 2021). Quando o programa Em Cima do Salto: educação, saúde e cidadania encerrou suas atividades em julho de 2018, o seu legado foi incorporado e se reflete na estrutura do CRAIST, credenciado como serviço de referência no processo transexualizador no SUS desde dezembro de 2016. O serviço carrega o compromisso com o trabalho multiprofissional, orientado pelos princípios da equidade e participação social, cujas ações estão ancoradas na realidade e no contexto dos(as) usuários(as) e comprometidas com superação das iniquidades em saúde.

Agora, partilhamos com vocês fragmentos de nossas experiências que dizem um pouco de como produzimos cuidado no CRAIST.

Autonomia e consentimento: quando as crianças resolvem falar

A transexualidade não se configura como doença, mas exige intervenções e práticas de cuidado. Entendemos que é preciso ir além desse reconhecimento: caminhando para além da denúncia da lógica de organização da Portaria que permaneceu ancorada na exigência do diagnóstico. Apresentar como os debates e os desafios sobre a construção de um cuidado fora dos marcos da patologização tiveram de ser transportados para os ambulatórios é uma tarefa ainda necessária porque as disputas se movem nos terrenos daqueles que insistem nas amarras do poder de dizer sobre o outro (Girotto *et al.*, 2021; Prado, 2018).

Desde 2007 disputávamos com aqueles que lutavam pela preservação da exigência de laudos e pareceres que definiriam a verdade da transexualidade e, a partir destes, o acesso a um tratamento prescrito e formatado para moldar essa suposta verdade que eles mesmos construíam (Borba, 2016; Bento, 2017). Fomos inventando modos de narrar para mostrar que seria possível um outro modelo de atuação mesmo frente à demanda por relatório da área psi (Moscheta; Rasera, 2020; Mcnamee; Rasera; Martins). Antes mesmo da decisão do Supremo Tribunal Federal (STF), em 2018, sobre a eliminação da necessidade de laudos e pareceres para a retificação de registro civil e para a retificação de registro civil – passando a ser dependente apenas da autodeterminação –, nosso serviço já ancorava os argumentos considerando a autodeterminação como direito de personalidade, e a mudança de nome como recurso primordial de acesso à cidadania (Ribeiro; Teixeira, 2015). A posição do STF fortaleceu o nosso questionamento sobre um cuidado ancorado na exigência de laudos e pareceres, ratificou um movimento que deslocava a centralidade do diagnóstico para o acesso a cidadania das pessoas trans (Teixeira, 2013).

Quando as crianças e adolescentes buscam por cuidados no nosso serviço, outros desafios passam a demarcar essa relação. Atender Maria foi mais do que o desafio de escutar no primeiro encontro: "para vocês eu sou somente uma hipótese, mas eu sei quem sou! Sou uma menina" (Araújo, 2019). Foi enfrentar os desafios de transitar pelos (não) direitos da adolescente de se autodeterminar, especialmente num contexto em que havia o conflito com a autoridade paterna. Entre audiências, laudos, pareceres, atendimentos familiares, produção de espaços de segurança/acolhimento na família e escola, obtivemos a autorização judicial para iniciar o bloqueio hormonal. Uma decisão até então inédita no país que reconhecia não somente a existência de uma adolescência trans, mas também que o Estado deveria proteger os direitos dessa adolescente, conforme decisão do Judiciário (Castilho; Teixeira; Leite, 2018). A autorização para a alteração do registro civil foi posterior, em setembro de 2020, e foi comemorada e (re)contada para equipe por meio de um vídeo encaminhado pela adolescente.

Lis foi a criança mais nova que recebemos no serviço, chegou trazendo a história das sereias e a insegurança da família, que não sabia como lidar com as certezas que cabiam naquele sujeito tão pequeno. A equipe se preparou para esse encontro de modo excepcional, dia e horário extraordinários. Não somente esse elemento dizia de nosso deslocamento: Como iríamos apoiar a demanda de uma criança de cinco anos? O que saberia e poderia saber sobre si essa criança? Questões organizadas em torno da autonomia e consentimento reviravam nossas posições até então asseguradas no cuidado de pessoas consideradas capazes de decidir. O pai de Lis a aconchegava no colo enquanto a mãe arrumava seus cabelos. A equipe sentou-se para escutar aquela família. Uma enxurrada de vídeos gravados no celular era exibida como se fossem provas/testemunhas da existência/verdade de Lis. Escutamos, ajudamos a refletir por meio das ferramentas teóricas: artigos, pesquisas, saberes e títulos acadêmicos compunham os fios que costuravam esse encontro. Pactos de cuidado foram formulados naquele dia, e uma certeza foi reatualizada: ninguém transiciona sozinho(a) (Araújo, 2019). Lis empurrava seu pai e sua mãe para um lugar até então desconhecido. A violência e o preconceito repercutiriam na pequena cidade do interior de Minas Gerais, o episódio do pânico moral que vimos ocorrer com a presença de Judith Butler para um ciclo de conferências no Brasil (Miskolci; Pereira, 2018). Acusada de querer transformar um menino em menina, a mãe (sim, as ofensas eram dirigidas à mãe) enfrentou episódios de constrangimentos e denúncias no Conselho Tutelar. Nossa equipe, que possuía um estagiário do curso de Direito, se mobilizou para articular a defesa e produzir proteção para a família também em sua cidade, com sucesso.

Outras crianças e adolescentes foram chegando, com suas histórias, desafios e demandas, cada um(a) produzindo torções na equipe e não permitindo acomodações nem mesmo diante das surpreendentes afirmações como as de Bia, que chegou aos onze anos. Acompanhada pela mãe e vestida em trajes andróginos, os cabelos loiros penteados de "Maria Chiquinha" informavam sobre a negociação possível em casa. Depois de ter sido atendida no serviço privado de saúde, elas chegam por meio de um encaminhamento da vizinha. Contam que a médica endocrinologista que as atendeu informou não realizar tal acompanhamento e que desconhecia serviço na cidade, apenas uma especialista (endócrino-pediatra) cujo valor da consulta seria exorbitante. "Muuuuiiiiiiito caro" era essa a expressão entristecida que Bia usava para dizer da barreira de acesso a cuidado. Os olhos brilharam diante da informação de que essa mesma profissional compunha nossa equipe. Ainda sem acreditar, ela foi atendida no mesmo dia do acolhimento, uma vez que trouxera os exames solicitados pela profissional anterior. Temos, por princípio, que o agendamento de consultas para crianças e adolescentes, no nosso serviço, receberia prioridade e, naquele dia, havia a possibilidade de realizar o encaixe. Foi discutido com elas que Bia estaria no momento adequado para a realização do bloqueio hormonal, mas que diante da não discussão com o pai e da necessidade de que a família pudesse conversar sobre o tema, reagendaríamos para quinze dias – prazo negociado com todos(as) e ajustado com a possibilidade do serviço. Bia está em acompanhamento com uma psicóloga, também da rede privada, que, por possuírem vínculo, decidimos que seguirá com ela. Ao fechar o atendimento daquele dia, Bia nos surpreende com outra certeza: "tem gente que tem coragem de falar mal do SUS, estou aqui e tem o melhor para mim aqui". Ela retornou e está em acompanhamento conosco. Acompanhar o pai nesse processo de reposicionar Bia é o desafio prioritário para a equipe.

Se as crianças nos desafiam com as (in)certezas de um porvir, se somos interpelados por uma relação com a espera, com o tempo para pensar, quando as pessoas idosas chegam, um outro olhar para o tempo nos interroga.

Um tempo que não temos mais: envelhecimento, demanda e oferta de cuidado

Recentemente foi realizado um estudo transversal com 219 prontuários ativos de usuários(as) de nosso serviço, entre os dados identificados, importa aqui pensar que a maioria deles(as) pertence à faixa etária de 19 a 29 anos de idade. Ou seja, uma parcela jovem da população. Do universo amostrado, identificamos apenas 6 pessoas com faixa etária entre 50 e 59 anos e nenhuma com idade igual ou superior a 60 anos. O estudo foi realizado com o ano de referência de 2019, por essa razão, não incluiu nossa primeira usuária idosa, uma mulher negra de 64 anos.

As discussões sobre o entrecruzamento dos marcadores de diferença de geração, orientação sexual e identidade de gênero no campo da saúde (Henning, 2017; Ferreira; Miskolci, 2020; Ferreira, 2021), assim como no nosso campo de pesquisa, apontam que o marco temporal estabelecido pelo saber biomédico e referendado por normativas e políticas de saúde não é capaz de representar a população trans.[1] Desse modo, alertamos que, ainda que poucos, alguns (algumas) usuários(as) acessarão os serviços tardiamente, seja porque "demorou muito para ter coragem", como disse Antônia, acompanhada daquela que foi sua esposa por trinta anos, ou porque "esperei ter condições para viver sozinha", como Vera após a aposentadoria Entre os desafios de transicionar de gênero na velhice – o reposicionamento na família, igreja e outras instituições, a disputa sobre como é ser (reconhecer-se) velho fora dos marcos normativos e o acolhimento das singularidades do

---

[1] Aguardamos o estudo de Sofi Sereno Gonçalves Repolês: *Transmasculinidades e envelhecimento: perspectivas sobre cuidado e saúde*, em andamento no Programa de Pós-Graduação em Saúde Coletiva na Universidade Federal de São Paulo sob a orientação de Pedro Paulo Gomes Pereira.

envelhecimento pelos serviços de saúde –, identificamos uma lacuna na Política de Saúde.

Do mesmo modo, tentamos compreender o desorganizado trânsito de Noel entre nosso serviço e os da rede de saúde do seu município. A repetição do mesmo tema, ainda que possa causar cansaço para a equipe (o que muitas vezes ocorre), tem sido contextualizada na perspectiva do que se considera urgência. Ele não esconde o medo e a angústia de falecer com o corpo que possui. Olha para si em tantos momentos e diz: não tenho mais tempo. A limitada, burocrática, precária e desorganizada regulação da oferta de procedimentos cirúrgicos no processo transexualizador (Santos, 2020) é um fator de frustração e sofrimento que marca a equipe e usuários(as).

Em 2022, o procedimento cirúrgico para implante de prótese de silicone nas mamas será incorporado ao nosso conjunto de cuidados. Mesmo sendo um projeto piloto para a mensurarmos a possibilidade de solicitar a expansão de nosso serviço com a habilitação para realização de procedimentos cirúrgicos, a questão geracional se apresentou como relevante na definição de critérios de seleção de prioridades. Para o cuidado de saúde, nenhuma fila poderia ser considerada normal ou desejada, mas promover equidade nas decisões significa não dimensionar o tempo de Vera e Antônia pela data de ingresso no serviço. Da mesma forma, estamos atentos para a necessidade de inserir Noel para realização da cirurgia de correção de procedimento malsucedido de mamoplastia, ainda que sua chegada tenha sido mais recente. Seu tempo não é medido por seus quarenta e poucos anos, mas por seu itinerário terapêutico marcado pelas barreiras e demora no acesso, por sua percepção de velhice potencializada por meio da comparação com os jovens que encontra na sala de espera e, principalmente, em razão do frágil e pouco apoio recebido porque, no refazer de seu corpo, deseja a faloplastia.

Somando sorrisos: o cuidado odontológico para pessoas trans

O ingresso de um pesquisador para realizar o pós-doutoramento no Programa de Pós-graduação na Faculdade de Odontologia da Universidade Federal de Uberlândia reafirmou nosso compromisso ético-político com as travestis e transexuais que transitam no nosso serviço e a indissociabilidade entre pesquisa-ensino-extensão. Por estarmos interessados em pensar sobre as modificações físico-orgânicas que podem estar associadas à hormonização e que podem ter repercussão na morfofunção e na ecologia bucal das pessoas trans, foi inaugurado o ambulatório de atenção em saúde bucal para as travestis e transexuais, inserido nas atribuições do Núcleo de Pesquisa e Acolhimento Trans (NuPAT) do Hospital Odontológico da UFU.

Em 2020, o ambulatório teve seu funcionamento suspenso em razão da pandemia da covid-19. O interesse e a adesão ao serviço, bem como os modos de interação com o cuidado ofertado no local, serão tema de outro trabalho, mas nossas reflexões apontam que, quando o Estado brasileiro (universidade pública) se responsabiliza pelo cuidado integral, as travestis respondem e apostam na elaboração de caminhos para a construção de um SUS que possa "sorrir orgulhoso" com a promoção da equidade.

Então veio a pandemia: entre sextas e cestas

Era 6 de março de 2020 e recebemos a orientação de que todos os serviços eletivos seriam suspensos para a reorganização do HC/UFU em razão da pandemia da covid-19. Sabíamos dos desafios que nos esperavam diante do cenário de emergência sanitária, embora não pudéssemos dimensionar, naquele momento, que superaríamos, em novembro de 2021, a triste marca de seiscentos mil mortos decorrentes dela.

Algumas preocupações ocuparam o centro do debate, sem ainda termos qualquer direcionamento sobre o tempo de suspensão dos serviços e nem mesmo do desdobramento da pandemia no Brasil. Havia a necessidade da manutenção de um serviço de retaguarda que ofertasse informações sobre o nosso serviço, que permitisse a não interrupção do tratamento com o uso de hormônios (principalmente os que demandavam receita médica) e que garantisse a oferta de cuidados em saúde mental e social, considerando a situação de vulnerabilidade que poderia ser agravada com a adoção das medidas sanitárias necessárias para mitigação de danos. A possibilidade de atuarmos na modalidade de projeto de extensão foi a saída que se mostrou mais adequada naquele momento.

Desse modo, o projeto *TeleCRAIST: o cuidado no ambulatório em tempos de pandemia* teve início em abril de 2020 e finalizou em dezembro do mesmo ano. Por meio dele mantivemos a interação entre o serviço e os(as) usuários(as), evitando a descontinuidade e o abandono do tratamento. O uso da consulta virtual foi a estratégia principal para manter a regularidade da oferta do cuidado médico, psicológico e social, e demandou da equipe aprendizagem de um manejo que não se mostrou fácil. Não se tratava apenas de reinventar formas de encaminhar receitas (até mesmo para outros municípios e estados), solicitar e orientar a realização de exames (evitando e minimizando a necessidade de deslocamentos), era também necessário manter um espaço de retaguarda para as consultas em que o atendimento presencial era imprescindível. Dessa forma, mesmo que de modo reduzido, as consultas presenciais foram mantidas, o que demandava que o CRAIST funcionasse de modo híbrido. O canal estava disponível para acolhimento de demandas, agendamento de consultas e orientações pontuais. As consultas e reuniões da equipe eram realizadas através de videochamadas e mediadas pelos recursos disponíveis aos(às) usuários(as), hegemonicamente foram utilizados o telefone celular e o aplicativo WhatsApp. A partir de outubro de 2020, a agenda para os atendimentos presenciais foi ampliada e, aos poucos, o serviço foi se preparando para manter as consultas virtuais apenas para as pessoas que residiam fora do município e/ou em situações de excepcionalidade. Em dezembro de 2020, o projeto foi encerrado com a transferência dos agendamentos para a secretaria do ambulatório em que funciona o CRAIST.

A criação de um espaço de acolhimento e escuta durante esse momento de crise, que pudesse acompanhar os efeitos do isolamento social nas relações familiares com a perspectiva da prevenção de violências e com situações de fragilidade econômica, ampliou as ações dos(as) profissionais responsáveis pelo cuidado psicossocial. Não somente vimos a demanda por atendimento da área de saúde mental ampliar, como também iniciamos uma modalidade de cuidado que não era sistematizada no CRAIST: a visita domiciliar.

Nossa experiência com os modos de vida das travestis e mulheres transexuais que trabalhavam no mercado do sexo, com as demandas e desafios das pessoas trans pelo ingresso e permanência no mercado formal de trabalho, sinalizou para a possibilidade de potencializar a vulnerabilidade social delas(es), que já estavam posicionadas(os) em lugar de maior precariedade. Essa preocupação formatou o projeto de extensão *Não é Sexta, mas Cesta!*, que se estruturou a partir da oferta de cestas básicas, considerando que a segurança alimentar é também um direito humano. Essa foi a estratégia acionada pela equipe para chegar até as casas dos(as) usuários(as) de nosso serviço, que, certamente, estariam impactados imediatamente com a restrição de circulação. Assim, nosso serviço entrou em contato com as travestis/mulheres transexuais que residiam nas pensões conhecidas, divulgamos no *TeleCRAIST* e a partir dessas redes acionamos e fomos acionados para apoiar aqueles(as) que estavam em situação de maior vulnerabilidade.

A inserção no Programa Rede de Extensão *#UFUemcasa*, por meio da campanha UFU Solidária, foi fundamental para a manutenção do projeto, não somente porque as cestas básicas eram adquiridas através de doações oficializadas por meio da universidade, mas porque chegar até as casas das pessoas nos veículos da instituição produzia um efeito de proteção e reconhecimento que pode ser traduzido na frase de um usuário: "se vocês, se a UFU vem até minha casa para trazer a cesta e ver como estou é porque sou importante para vocês. E, se sou importante para vocês, a minha família está vendo que posso ser importante também para eles. A cesta foi o único alimento que chegou aqui esses dias".

Como projeto de extensão isolado, o *Não é Cesta, mas Cesta!* foi encerrado em março de 2021. No entanto, a experiência foi incorporada como estratégia de cuidado pelo CRAIST e se mantém no ano de 2021 com a aquisição das cestas básicas financiadas por meio da emenda parlamentar da deputada Áurea Carolina (resultado de edital público que concorremos em parceria com a Secretaria Estadual de Saúde de Minas Gerais).

Nascer na pandemia: quando a esperança vence o medo

No início de 2021, estávamos nos organizando com o retorno dos atendimentos presenciais quando fomos surpreendidos com a notícia de um usuário grávido. Uma gestação não planejada e que ocorreu quando o casamento dele ainda estava em negociação, mas a criança era desejada e o casal dizia da alegria de sua chegada.

Com oito semanas de gestação, ele compareceu para a primeira consulta. Parecia um encontro como outro qualquer, mas um conjunto de atos antecedeu e preparou essa chegada. O Programa de Humanização no Pré-natal e Nascimento (PHPN) não pressupõe a possibilidade de que homens possam gestar. Toda redigida no feminino e direcionada a uma "construção" de mães por meio de uma "pedagogia da maternidade",[2] as políticas públicas preparam um cuidado para formar um modelo de mãe que pode ser identificado na Caderneta da Gestante.

Antes que ele chegasse ao serviço, a ginecologista responsável pelo cuidado modificou, à mão, todos os pronomes e indicações, reconfigurando a Caderneta do Gestante (ainda que por meio de rasuras no documento oficial, a equipe dizia que "sim, aqui te legitimamos"). Os efeitos da resistência do Ministério da Saúde (MS) e sua negativa de promover o reconhecimento da população LGBT se apresenta também na opção do governo em manter o apagamento dessa população por meio de seus diferentes sistemas de informação. Discutimos alguns dos entraves em trabalhos anteriores, como a ausência das categorias "orientação sexual" e "identidade de gênero" nas fichas de notificação de infecção por HIV e AIDS e os efeitos sobre o direcionamento da política pública, apagando/silenciando as travestis e mulheres transexuais (Teixeira *et al.*, 2018). Outras vezes, apesar de constarem na ficha de notificação de agravos em violência, no momento de sua extração, a informação não está disponível para análises, impossibilitando que os dados sejam utilizados para política pública ou pesquisas (Prado; Oliveira; Teixeira, [s.a.]).

Lembramos que está parada, após pedido de vista do ministro Kassio Nunes, no Supremo Tribunal Federal (STF), a ação de Arguição de Descumprimento de Preceito Fundamental (ADPF 787), que foi proposta pelo Partido dos Trabalhadores (PT) para questionar o entrave na atenção à saúde de

---

[2] Lembramos aqui do trabalho de Rodrigo Borba (2016) sobre a aprendizagem no processo transexualizador, acreditamos que as normativas também atuam no campo da saúde funcionando como dispositivos na conformação das famílias na qual a relação mulher-maternidade ocupa a centralidade dessas engrenagens.

pessoas transexuais e travestis, produzido pelos diferentes sistemas de informação que não foram adaptados e atualizados para garantir o acesso a tratamentos médicos, exames e outros procedimentos necessário ao cuidado. Na decisão, em caráter liminar, do relator da proposta, ministro Gilmar Mendes, identificamos a atenção no sentido de indicar a necessidade de alteração do layout da Declaração de Nascido Vivo, para que faça constar a categoria "parturiente", independentemente dos nomes dos genitores, em respeito à sua identidade de gênero.

> Garantir o acesso às especialidades médicas em conformidade com suas especificidades e necessidades biológicas, e com o reconhecimento de sua identidade de gênero autodeclarada, mediante adequação dos sistemas de informação do Sistema Único de Saúde para marcação de consultas e exames; formação técnica dos profissionais de saúde para atendimento da população transexual e travesti; dentre outros. [E para] Garantir o registro, na Declaração de Nascido Vivo e em documentos correlatos, dos nomes dos genitores de acordo com sua identidade de gênero, independentemente de ser ou não parturiente.[3]

Entendemos que a recusa está além da produção de condições para obtermos dados que seriam utilizados na elaboração da política pública, mas principalmente serviria para obstaculizar as ações institucionais de reconhecimento do Estado brasileiro de que outras famílias e outras gestações são possíveis/legítimas. Manter os Sistemas de Informação em Saúde com a inserção "negociada" das pessoas trans é uma estratégia para a manutenção da precariedade e insegurança que impede a cidadania plena (Bento, 2014). Nesse sentido, avançamos internamente no Hospital de Clínicas da Universidade Federal de Uberlândia com a adequação de todos os formulários no sistema de informação próprio, mas seguimos deslizando nas brechas das negociações, das incertezas de que as provisoriedades dos ajustes posicionam também a equipe. A cada nova

[3] Disponível em: https://bit.ly/3xcAOfr. Acesso em: 08 jun. 2022.

demanda são necessárias novas articulações, reuniões infindáveis, convencimentos e desconfianças sobre a legitimidade de nossas ações. A ausência da inserção no Sistema acarretaria ainda a não possibilidade de lançamento e consequente faturamento dos procedimentos realizados, o que torna ainda mais vulnerável a oferta do cuidado.

Mais do receber estudantes: formar profissionais para o cuidado trans

Eleger o princípio da equidade como eixo central da atenção à saúde tem produzido sentidos para os(as) estudantes de graduação e pós-graduação de diferentes cursos; facilitando que eles(as) reconheçam na Política de Saúde a caixa de ferramentas para produção de cuidado, e não somente um conjunto de atos normativos desvinculados de nossa prática.

Inserir médicos(as) residentes de ginecologia e obstetrícia e de medicina de família e comunidade não foi uma decisão simples para a equipe e nem mesmo para os serviços, a inclusão do nosso cenário para os(as) residentes de psiquiatria e endocrinologia não se oficializou e ocorre vinculada ao interesse do(a) residente. Significava chegar mais um elemento para a mediação/construção do cuidado. Os desafios da preceptoria geralmente são lidos ou enfrentados na perspectiva dos serviços ou dos(as) trabalhadores(as). No nosso cotidiano, importa também pensar sobre os desafios apresentados aos(às) estudantes. Destaco aqui a mediação necessária com um residente que declarou para a preceptora o seu impedimento de iniciar a prescrição da hormonização em razão de crença religiosa. O mesmo cuidado que temos com os(as) usuários(as) exercemos com o estudante. Iniciou o estágio obrigatório acompanhando a preceptora, compreendeu o processo de cuidado, atendeu usuários(as) adotando e prescrevendo as condutas com responsabilidade e segurança, compreendeu a importância e o modo de conduzir um encaminhamento para outro(a) profissional ou serviço seja porque demanda um outro tipo de especialista ou porque esbarra no seu limite pessoal, em ambas as situações a escuta atenta e o diálogo integram o espaço da consulta. Entendemos que a relação respeitosa da equipe com o(a) residente e sua singularidade também refletiu no processo em que se dispôs para o cuidado do outro, abriu brechas para compreender as dimensões sociais das práticas que enredam o individual no coletivo e a existência de estratégias protetivas que colocam do mesmo lado usuário(a) e profissional.

A abertura do serviço como campo para o estágio supervisionado também foi (e é) acompanhado de desafios. Estabelecer com cada usuário(a) a confiança de que o(a) preceptor(a) – a médica, a psicóloga ou o assistente social "dele(a)" – estaria ali, do outro lado da porta e, na maioria das vezes, presente nos consultórios, foi um processo de fazer-se presente por meio da interação e do diálogo qualificado que forma o(a) estudante. Para os(as) estudantes do curso de medicina, o rodízio no nosso serviço é obrigatório.[4] Porém a circulação deles(as) tem sido avaliada como sendo de muito aprendizado e considerada importante. Nosso desafio maior é a mediação desse encontro com nossos(as) usuários(as). Ser atendido(a) por estagiário(a) não tem, para eles(as), o mesmo significado que para os(as) demais usuários(as) do complexo hospitalar. Temos que considerar o histórico de experimentações e violências sofridas pela população trans, que poderia justificar a recusa deles(as) a serem posicionados(as) como "cobaias". Todos os dias as médicas da equipe reatualizam que esse fazer-cuidar é uma atividade que exige a aprendizagem e valorização do trabalho em equipe. Inventam modos de

[4] Contamos com uma formação teórica que antecede esse ingresso, entre outros componentes curriculares, no sétimo período eles(as) cursam Saúde Coletiva VII com ênfase em gênero, sexualidade e políticas públicas.

produzir consenso sobre a relevância de formar profissionais com competência técnica e sensibilizados para os cuidados transespecíficos, demonstrando compreender o que o(a) outro(a) pode fazer em cada caso que atende, ensinando aos(às) estagiários(as) a reconhecer essas demandas e espaços de atuação multiprofissional.

As parcerias com o programa de residência multiprofissional e outras unidades acadêmicas, permitiram receber estudantes de psicologia e do serviço social, consolidando o ambulatório como um campo de prática privilegiado para a formação de profissionais sensíveis às necessidades em saúde transespecífica. Estudantes e residentes somam forças em um contexto que se caracteriza pela demanda crescente por assistência no serviço, o que diz respeito não apenas ao número de atendimentos realizados, mas também à complexidade em que se apresentam. E se, de alguma forma, há uma contribuição significativa desses atores, há também uma contrapartida necessária envolvendo horas de leitura e supervisão, que fica a cargo do(a) preceptor(a), que é também quem é responsável pela assistência (Araújo, 2019).

No campo das ciências psi observamos uma tensão importante sobre o papel desses(as) profissionais na construção de um cuidado em saúde mental que não partisse da pressuposição da patologia. A partir da constatação do sofrimento produzido no contexto de atendimento psicológico e psiquiátrico (Borba, 2016) temos como como objetivo oferecer para os(as) usuários(as) um lugar seguro para a expressão da subjetividade, sendo necessário para quem acolhe compreender a construção social da transgeneridade e as consequências para o trabalho da(o) psicóloga(o). Por isso o estágio é orientado por perspectivas críticas sobre sexualidade, gênero e saúde mental, permitindo um entendimento complexo e uma atuação sintonizada com os avanços científicos, políticos, jurídicos e sociais desses campos.

As intervenções são pautadas por um discurso do construcionismo social, tanto sobre as definições de problema como as formas de intervenção no cuidado em saúde. Dessa forma, buscamos preparar futuros(as) profissionais para esse contexto conversacional específico, marcado pela multiplicidade de saberes, posicionamentos e pela diversidade de discursos envolvendo gênero e sexualidade. Essa não é uma tarefa simples.

Por um lado, é preciso oferecer ferramentas dialógicas que possam auxiliar na condução de uma conversa que se pretende terapêutica, além de alguma familiaridade com temas envolvendo a saúde de pessoas trans. Por outro lado, o encontro terapêutico exige do(a) profissional uma postura de não saber (Moscheta; Rasera, 2020) sobre aquilo que é singular na vivência do sujeito inserido em seu contexto social, cultural, familiar e afetivo. Somente a partir dessa postura destituída de pressupostos sobre a pessoa que busca cuidado é possível estar sensível àquilo que ela traz como necessidades, estejam elas relacionadas ao gênero e à sexualidade, ou não. Isso nos convida a uma interlocução democrática e colaborativa com as pessoas que buscam atendimento psicológico, em que os problemas e as formas de lidar com eles são negociados no contexto da conversa terapêutica.

Trabalhar dessa forma pode ser assustador para quem está começando a caminhar pelos campos da prática, por isso é importante caminhar junto e ter disponível espaço e tempo para o estudo teórico e as reflexões sobre a prática. Essa parte do trabalho é realizada nas supervisões semanais, fora do horário da assistência, quando é possível uma pausa para conversar sobre como somos afetados(as) por esses encontros e aquilo que é mobilizado ou movimentado em nós ao participarmos deles. Nesses momentos, discutimos a condução dos atendimentos realizados e nos preparamos para as próximas interações, buscando estratégias para a continuidade das conversas de forma que nossas práticas dialógicas produzam novos sentidos, narrativas preferíveis e aumentem as possibilidades de ação na vida dos(as) usuários(as) que frequentam nosso serviço.

As residentes do serviço social encontram no serviço muitas vezes a primeira experiência de uma ação extensionista articulada à assistência. Compreendem a potência de expandir os limites do cuidado para além das salas dos consultórios. Ter suas origens nas ruas/casas dos(as) usuários(as) permitiu que o princípio da participação social fosse elemento estruturador de nosso cuidado. Facilitou, também, compreender as barreiras para acesso, o efeito da transfobia como mais importante disparador para a violação de direitos, bem como a necessidade de dialogar com e intervir nas famílias, redes de apoio e equipamentos sociais.

A experiência de chegar até a casa de usuários(as) do serviço por meio da entrega de cestas básicas, para além de colaborar para a segurança alimentar das pessoas, mostrou-se um recurso eficiente para compreender as redes de relações na vizinhança (deixar as cestas quando a pessoa não estava, pedir informações sobre localização quando a pessoa mudava e não atualizava o endereço, ser informado de processos de adoecimento e luto). A nossa presença (mediada pela cesta) também se afirmou como elemento de legitimação na família. Identificamos que, em vários momentos, o(a) usuário(a) que era chamado pelo nome do registro civil foi sendo nomeado com o nome social referendado pela equipe. Ir até os domicílios permitiu às estudantes identificar situações de vulnerabilidade que demandaram outras abordagens.

Um exemplo disso foi quando, com a definição do auxílio emergencial e cadastro de vacinação, fizemos uma ampla ação de apoio, informação e preenchimento de formulários para um grupo significativo de travestis com pouca ou nenhuma habilidade de letramento. Todas as usuárias que possuíam os requisitos exigidos receberam o auxílio emergencial e todas foram imunizadas no primeiro prazo estabelecido pelo município, apesar dos entraves causados pelo modelo de cadastramento. Todas essas ações pensadas e enredadas no processo de fazer/ensinar/aprender sobre as políticas públicas que sustenta um SUS que nos desafia a ser, de fato, um serviço formador de recursos humanos.

É esse "SUS que dá certo" que tentamos performar a cada encontro. Um serviço que se orienta pela determinação social do processo saúde-doença e articula os marcadores de diferenças na produção do cuidado. Um serviço que se reinventa a cada encontro da equipe.

Referências

ARAÚJO, J. R. *Miudezas do cuidado: narrativas sobre os desafios do acompanhamento psicológico de pessoas trans*. Uberlândia: Universidade Federal de Uberlândia, 2019. Dissertação (Mestrado em Psicologia) – Universidade Federal de Uberlândia, Uberlândia, 2019.

BENTO, B. (2006). *A reinvenção do corpo: sexualidade e gênero na experiência transexual*. 3. ed. Salvador: Devires, 2017.

BENTO, B. Nome social para pessoas trans: cidadania precária e gambiarra legal. *Contemporânea: Revista de Sociologia da UFSCAR*, v. único, p. 165-185, 2014.

BORBA, R. *O (des)aprendizado de si: transexualidades, interação e cuidado em saúde*. Rio de Janeiro: Fiocruz, 2016. v. 1. 244 p.

BORBA, R. Receita para se tornar um "transexual verdadeiro": discurso, interação e (des) identificação no processo transexualizador. *Trabalhos em Linguística Aplicada*, Campinas, v. 55, n. 1, p. 33-75, jan./abr. 2016.

BRITO, C. R. S. *et al*. Ajudando a curar o preconceito: desafios na implantação do ambulatório "Saúde das Travestis" na cidade de Uberlândia-MG. *Revista de Educação Popular*, Uberlândia, v. 8, n. 1, p. 168-174, jan./dez. 2009.

CARRIJO, G. G. *et al*. Gravando: desafios para (re)contar narrativas do(no) movimento social de travestis brasileiras. *Fractal: Revista de Psicologia*, [Niterói], v. 32, n. 3, p. 277-284, set./dez. 2020.

CARRIJO, G. G. *et al.* Movimentos emaranhados: travestis/transexuais, movimentos sociais e práticas acadêmicas. *Revista Estudos Feministas*, Florianópolis, v. 27, n. 2, e54503, p. 1-14, jun. 2019.

CARRIJO, G. G.; RASERA, E. F.; TEIXEIRA, F. B. Aonde isso vai parar? Desafios éticos na pesquisa-documentário com travestis. *Cadernos Pagu*, Campinas, [s. v.], n. 61, e216110, p. 1-13, jun. 2021.

CARVALHO, A. S. *et al.* Cada dia um desafio: Perspectivas sobre Acesso e Qualidade da Atenção à Saúde de Mulheres Lésbicas, Bissexuais, Transexuais e Travestis. In: FERREIRA, E. M. (Org.). *Investigações conceituais, filosóficas, históricas e empíricas da psicologia 2*. Ponta Grossa: Atena, 2020. p. 1-16.

CASTILHO, E. W.; TEIXEIRA, F. B.; LEITE, V. De menor importância: interrogando os limites da autonomia no universo dos/as adolescentes trans. In: CORDEIRO, C. J.; GOMES, J. A. (Orgs.). *Temas Contemporâneos de Direito das Famílias*. São Paulo: Pillares, 2018. v. 1, p. 279-296.

FÉBOLE, D. S. *A produção de violências na relação de cuidado em saúde da população LGBT no SUS*. Maringá: Universidade Estadual de Maringá, 2017. Dissertação (Mestrado em Psicologia) – Programa de Pós-Graduação em Psicologia, Centro de Ciências Humanas, Letras e Artes, Universidade Estadual de Maringá, Maringá, 2017.

FERREIRA, B. O. *"Babado, Confusão e Gritaria": vivências e reflexões da população LGBT no SUS*. Teresina: Universidade Federal do Piauí, 2016. Dissertação (Mestrado em Ciências e Saúde) – Programa de Pós-Graduação em Ciências e Saúde, Universidade Federal do Piauí, Teresina, 2016.

FERREIRA, J. P. *AIDS e envelhecimento homossexual: representações gerontológicas e a linguagem da patologia*. São Carlos: Universidade Federal de São Carlos, 2021. Tese (Doutorado em Sociologia) – Programa de Pós-Graduação em Sociologia, Centro de Educação e Ciências Humanas, Universidade Federal de São Carlos, 2021.

FERREIRA, J. P.; MISKOLCI, R. Homosexuality and biomarkers of aging in the production of gerontological knowledge by American, British, and Brazilian authors. *Cadernos de Saúde Pública*, [Rio de Janeiro], v. 36, n. 3, e00222618, p. 1-20, mar. 2020.

GIROTTO, L. C. *et al.* Normas, disputas e negociações: debates sobre a despatologização. *Revista Estudos Feministas*, Florianópolis, v. 29, n. 3, p. 1-13, set./dez. 2021.

HENNING, C. E. Gerontologia LGBT: velhice, gênero, sexualidade e a constituição dos "idosos LGBT". *Horizontes Antropológicos*, Porto Alegre, v. 23, n. 47, p. 283-323, jan./abr. 2017.

LADEIRA, F. A inclusão pelo Nome Social. *Revista Brasileira Saúde da Família*, Ministério da Saúde, Brasília, v. 14, n. 34, p. 40-43, jan./abr. 2013.

MCNAMEE, S.; RASERA, E.; MARTINS, P. P. S. (no prelo). *Practising Therapy as Social Construction*. Londres: SAGE.

MISKOLCI, R.; PEREIRA, P. P. G. Quem tem medo de Judith Butler? A cruzada moral contra os direitos humanos no Brasil. *Cadernos Pagu*, Campinas, [s. v.], n. 53, e185300, jun. 2018. Disponível em: https://bit.ly/3EYuDPA. Acesso em: 6 jan. 2022.

MOSCHETA, M. S.; RASERA, E. F. Health Care Practices for LGBT People. In: MCNAMEE, S. *et al.* (Orgs.). *The Sage Handbook of Social Constructionist Practice*. Londres: Sage, 2020. v. 1, p. 487-496.

PAULINO, D. B. *Discursos sobre o acesso e a qualidade da Atenção Integral à Saúde da população LGBT entre médicos(as) da Estratégia Saúde da Família*. Uberlândia: Universidade Federal de Uberlândia, 2016. Dissertação (Mestrado em Psicologia) – Programa de Pós-Graduação em Psicologia, Instituto de Psicologia, Universidade Federal de Uberlândia, Uberlândia, 2016.

PAULINO, D. B.; PASTOR-VALERO, M.; MACHIN, R. 'This Family Rejection Harmed my Health as Well': Intersections Between the Meanings of Family and Health for Trans People and Family Members in a Trans Healthcare service in Brazil. *Global Public Health*, Nova York, v. 16, [s. n.], p. 1-13, maio 2021.

PRADO, M. A. M. *Ambulare*. Belo Horizonte: PPGCOM UFMG, 2018. v. 1. 80 p.

PRADO, M. A. M.; OLIVEIRA, S. V.; TEIXEIRA, F. B. *Política Nacional de Saúde Integral LGBT+: Integralidade, Equidade e Armadilhas* (no prelo).

RAIMONDI, G. A. *et al.* Corpos que (não) importam na prática médica: reflexões sobre os desafios do cuidado em saúde das pessoas trans. In: BRILHANTE, A. V. M. *et al.* (Orgs.). *Interfaces entre saúde mental, gênero e violência*. Fortaleza: Ed. da UECE, 2018. v. 1, p. 240-257.

RASERA, E. F.; TEIXEIRA, F. B.; ROCHA, R. M. G. Construcionismo social, comunidade e sexualidade: trabalhando com travestis. In:

GUANAES-LORENZI, Carla; MOSCHETA, Murilo S.; CORRADI-WEBSTER, Clarissa M.; VILELA E SOUZA, Laura. (Orgs.). *Construcionismo social: discurso, prática e produção do conhecimento*. Rio de Janeiro: Instituto Noos, 2014. p. 289-301.

RIBEIRO, D. C.; TEIXEIRA, F. B. Não é apenas um nome: a luta por reconhecimento no universo de trans. In: CORDEIRO, C. J.; GOMES, J. A. (Orgs.). *Temas Contemporâneos de Direito das Famílias*. São Paulo: Pillares, 2015. v. 2, p. 499-524.

ROCHA, R. M. G.; RASERA, E. F. Sentidos sobre a Amizade Entre Travestis: Construção de Repertórios Interpretativos. *Psicologia: Teoria e Pesquisa*, Brasília, v. 31, n. 2, p. 239-247, abr./jun. 2015. Disponível em: https://bit.ly/3xyxH2R. Acesso em: 08 jun. 2022.

SANTOS, M. C. B. *Aos Trancos e barrancos: uma análise do processo de implementação e capilarização do processo transexualizador no Brasil*. Rio de Janeiro: Universidade do Estado do Rio de Janeiro, 2020. Tese (Doutorado em Serviço Social) – Programa de Pós-Graduação da Faculdade de Serviço Social, Universidade do Estado do Rio de Janeiro, Rio de Janeiro, 2020.

SANTOS, M. C. B. *et al*. Desafios da assistência à saúde de transexuais no sistema único de saúde a partir do olhar de uma equipe de assistentes sociais. *REVES – Revista Relações Sociais*, Viçosa, v. 3, n. 4, p. 12001-12008, nov. 2020.

SILVA, M. P. *Cuidando da saúde: diálogos sobre a Política de Atenção Integral para a população LGBT*. Uberlândia: Universidade Federal de Uberlândia, 2018. Dissertação (Mestrado em Psicologia) – Programa de Pós-Graduação em Psicologia, Instituto de Psicologia, Universidade Federal de Uberlândia, Uberlândia, 2018.

TEIXEIRA, F. B. (DES)ENGANO: revisando as Portarias do Processo Transexualizador no SUS. In: UZIEL, A. P.; GUILHON, F. (Orgs.). *Transdiversidades: práticas e diálogos em trânsitos*. Rio de Janeiro: EDUERJ, 2017. p. 313-352.

TEIXEIRA, F. B. *Dispositivos de dor: saberes-poderes que (con)formam as transexualidades*. São Paulo: Annablume; Fapesp, 2013.

TEIXEIRA, F. B. Encontros e imaginações compartilhadas: lições sobre o que pode o queer. *Cadernos Pagu*, Campinas, [s. v.], n. 59, e20591, p. 1-11, nov. 2020.

TEIXEIRA, F. B. *et al.* Conhecer para (trans)formar: dialogando sobre DSTs/AIDS com as travestis que trabalham como profissionais do sexo em Uberlândia/MG. In: VI CONGRESSO BRASILEIRO DE PREVENÇÃO DAS DST E AIDS, 2006, Belo Horizonte.

TEIXEIRA, F. B. *et al.* Em Cima do Salto: aprendendo com as diversidades. In: IV SEMANA ACADÊMICA DA UNIVERSIDADE FEDERAL DE UBERLÂNDIA, 2007, Uberlândia.

TEIXEIRA, F. B. *et al.* Entre o segredo e as possibilidades do cuidado: (re)pensando os silêncios em torno das narrativas das travestis sobre HIV/AIDS. *Sexualidad, Salud Y Sociedad*, Rio de Janeiro, [s. v.], n. 29, p. 373-388, ago. 2018b.

TEIXEIRA, F. B. *et al.* Estratégias de resistência, existência e invenções de uma prática: entre um cotidiano de miudezas e um cuidado afetado. In: RIBEIRO, P. R. C. *et al.* (Orgs.). *Corpo, gênero e sexualidade: resistência e ocupa(ações) nos espaços de educação*. Rio Grande: Ed. da FURG, 2018. v. 1, p. 141-158.

TEIXEIRA, F. B. *et al.* Formas de Cuidado como Violência: AIDS, silicone líquido e uso de hormônios em travestis e mulheres transexuais brasileiras. In: FACCHINI, R.; FRANÇA, I. L. (Orgs.). *Direitos em disputa: LGBTI+, poder e diferença no Brasil contemporâneo*. Campinas: Ed. da Unicamp, 2020. v. 1, p. 463-484.

TEIXEIRA, F. B. *et al.* Políticas Públicas e o cuidado integral em saúde para os homens trans: disputas, ausências e desafios. In: ARAÚJO, J. S.; ZAGO, M. M. F. (Orgs.). *Pluralidade Masculina: contribuições para pesquisa em saúde do homem*. Curitiba: CRV, 2019. v. 1, p. 383-408.

TEIXEIRA, F. B.; RASERA, E.; CALDERARI, E. S. *Conquistas Históricas LGBTQIA+ na UFU*. Uberlândia: PROAE, 2021. (Coleção e-books Mês da Diversidade 2021). Disponível em: https://bit.ly/3s9DtEP. Acesso em: 6 jan. 2022.

TEIXEIRA, F. B.; ROCHA, R. M. G.; RASERA, E. F. Construindo saberes e compartilhando desafios na clínica da travestilidade. In: MISKOLCI, Richard; PELÚCIO, Larissa. (Orgs.). *Discursos Fora da Norma deslocamentos, invenções e direitos*. São Paulo: Annablume, 2012, v. 01, p. 155-178.

Capítulo 4

Deslocando os saberes sobre as experiências trans em uma instituição pública de formação médica

Hugo Alejandro Cano-Prais, Gustavo Valadares Labanca Reis, Rodrigo Pastor Alves Pereira, Alexandre Costa-Val e Keila Deslandes

Introdução

Pessoas trans,[1] ao questionarem as normas que estabelecem uma matriz binária e heterossexual como única possibilidade de se experienciar a sexualidade, o gênero e o desejo, são alvos de violência e segregação (Butler, 2015). Sabe-se que o Brasil lidera o ranking dos países onde mais matam travestis e mulheres trans em números absolutos. A expectativa de vida desse grupo gira em torno dos 35 anos, taxa menor que a metade da média da população nacional. Muitas são expulsas de casa precocemente, não conseguem terminar os estudos, não se inserem no mercado formal de trabalho e acabam sendo, compulsoriamente, empurradas para a prostituição. Essa

---

[1] Utilizaremos, neste artigo, o termo "trans" para nos referirmos a pessoas que questionam as normas de gênero na tentativa de comtemplar múltiplas possibilidades de experiências que não se reduzem àquilo que o discurso biomédico nomeia como "transexualidade".

situação piora a vulnerabilidade social, repercutindo com maiores taxas de violência, incluindo assassinatos com requintes de crueldade. No caso dos homens trans, os registros em relação às mortes e episódios de violência são praticamente inexistentes no território nacional, fato que reflete a maior invisibilidade de seus corpos no espaço político-social (Benevides; Nogueira, 2021).

Apesar dos indicadores alarmantes sobre a violência perpetrada contra as pessoas trans, sobretudo aqueles envolvendo travestis e mulheres trans, não existe uma mobilização do Estado no sentido de construir estatísticas que possam mobilizar ações preventivas e reparadoras. Ao que tudo indica, trata-se de uma política bem orquestrada, que garante a permanência desses corpos no lugar de abjeção (Benevides; Nogueira, 2021). Isso não só contribui para que os dados sejam subnotificados, mas também reforça a institucionalização de um ciclo perverso de segregação, marcado pela ausência de políticas públicas eficientes voltadas para essa população (Lionço, 2008).

O acesso das pessoas trans à saúde também é precário e composto por barreiras e violações de direitos fundamentais. No Brasil, o Sistema Único de Saúde (SUS) incluiu, em 2008, o processo transexualizador em sua cartela de procedimentos, estabelecendo um protocolo rígido que, seguindo as normativas do Conselho Federal de Medicina (CFM), é norteado pela concepção da transexualidade como um transtorno mental (Matos *et al.*, 2020). Essa perspectiva parte do princípio de que essas experiências são enfermidades, cujos tratamentos devem abarcar psicoterapia e intervenções no corpo para "adequá-lo" à identidade de gênero com a qual a pessoa se identifica. A sequência de procedimentos pré-estabelecidos engloba acompanhamento psicológico compulsório, comprovações de que o sujeito convive bem socialmente com o gênero com o qual se identifica, ratificação da condição através de laudos médico-psiquiátricos, terapias hormonais, procedimentos cirúrgicos e trâmites burocráticos para mudança do prenome e do sexo nos documentos (Arán; Murta; Lionço, 2009). Em 2013, uma nova portaria passou a regular esse processo, que, apesar de ter sido redefinido e ampliado (incluindo travestis e homens trans), se manteve sustentado pelo marco patológico. Ou seja, o direito à autonomia e às intervenções no corpo continua só sendo possível se a pessoa aceitar ser tratada como "doente" (Souza; Braz, 2016).

Mais do que isso, não basta consentir com o rótulo do diagnóstico: é preciso acessar esses serviços, algo que, via de regra, não é fácil. Atualmente, existem apenas cinco hospitais universitários[2] autorizados pelo Ministério da Saúde (MS) para realização da cirurgia de transgenitalização. Todos contam com uma fila quilométrica, com uma média de espera em torno de dez anos. Já os serviços ambulatoriais – locais onde essas pessoas podem ter acesso, por exemplo, ao tratamento hormonal – parecem ter se espalhado pelo Brasil nos últimos anos. Ocorre que, tal como os dados de violência em relação a esse público, esses ambulatórios não são reconhecidos e visibilizados pelo Estado. Cerca de 70% desses ambulatórios não são cadastrados no MS e, assim como outros serviços hospitalares que estão na mesma situação, não recebem qualquer tipo de recurso do governo federal (Santos, 2020). Nesse contexto, o recurso da automedicação (Souza; Braz, 2016) e da aplicação de substâncias por pares, tais como silicone industrial (Benevides; Nogueira, 2021), não são incomuns e deixam esses corpos ainda mais vulneráveis.

---

[2] A saber: Hospital de Clínicas de Porto Alegre, da Universidade Federal do Rio Grande do Sul, em Porto Alegre (RS); Hospital Universitário Pedro Ernesto, da Universidade Estadual do Rio de Janeiro (RJ); Hospital de Clínicas da Universidade Federal de Goiás (GO); Fundação Faculdade de Medicina, da Universidade de São Paulo (SP); e Hospital de Clínicas da Universidade Federal de Pernambuco, em Recife (PE).

Vale destacar que, historicamente, todos esses espaços foram construídos em torno da figura de um médico interessado no tema, assumindo um caráter personalista e de isolamento institucional (Santos, 2020). Como efeito, há uma fragmentação do cuidado não só em relação às demandas específicas dessas pessoas, mas também em relação a questões mais abrangentes de saúde. Esse dado se torna especialmente preocupante quando nos lembramos que pessoas trans apresentam condições de saúde piores que a população geral (Gonzales; Przedworski; Henning-Smith, 2016). A Atenção Primária, nesse caso, deveria estar preparada para acolher esses corpos, algo que, na prática, não acontece (Paulino *et al.*, 2019; Pereira; Chazan, 2019).

O desconhecimento, os preconceitos, a interpretação patológica de suas experiências e o reiterado desrespeito ao nome social por parte dos profissionais são alguns dos motivos para o afastamento desse público dos serviços de saúde (Rocon *et al.*, 2016; Bezerra *et al.*, 2019). Nesse cenário, chama a atenção a recorrência com que o "discurso do não-saber" (Paulino *et al.*, 2019) é acionado pelos profissionais de saúde como justificativa para negar o cuidado. Muitos mencionam que o tema não foi abordado em suas formações e, por isso, não se sentem capacitados para abordar questões relacionadas aos gêneros e às sexualidades de seus pacientes, sobretudo quando desafiam a cis-heteronormatividade.

Especialmente em relação à formação médica, a literatura sobre o tema mostra que esse conteúdo é tratado de forma inadequada nos cursos de graduação do território nacional (Paulino *et al.*, 2019; Rufino; Madeiro, 2017). Diferentemente do que se pode pensar, não é que não se fala sobre gêneros e sexualidades nos cursos de medicina. Pelo contrário: fala-se, e fala-se muito! A grande questão é que a abordagem é focada em aspectos orgânicos, situação que contribui para manutenção da crença em categorias binárias, naturalizadas e essencializadas, reforçando as normas e hierarquias que regulam esse campo (Costa-Val *et al.*, 2019).

Embora as Diretrizes Curriculares Nacionais do Curso de Graduação em Medicina para elaboração de currículos médicos preconizem uma formação que contemple as diversidades de gêneros, de orientações sexuais e demais aspectos que singularizam cada pessoa ou grupo social, não há uma indicação clara de como isso deve ser operacionalizado (Brasil, 2017). Assistimos, assim, a uma multiplicidade de práticas e discursos institucionais que, embora, em certos casos, possam parecer bem-intencionados, pouco contribuem para uma mudança da realidade do cuidado envolvendo pessoas trans. Isso não significa, no entanto, que não existam experiências contingenciais e inovadoras no território nacional que mereçam ser visibilizadas e debatidas.

Pretendemos, neste ensaio, contribuir com essa discussão a partir do relato de nossa experiência como docentes do Departamento de Medicina de Família, Saúde Mental e Coletiva (DEMSC) da Escola de Medicina da Universidade Federal de Ouro Preto (UFOP), em Minas Gerais. Longe de afirmarmos que se trata de uma experiência bem-sucedida, nos pareceu interessante destacar os pontos de impasse e de questionamento, assim como as criações – sempre provisórias – em uma instituição periférica e relativamente nova na oferta do curso de medicina.

Experiências na graduação do curso de medicina da UFOP

Pensar no cuidado à saúde de pessoas trans, no contexto da educação médica, exige reflexões sobre a medicina e as sexualidades que abarquem o passado, o presente e o futuro. Começando pelo presente, é importante situar que as considerações aqui tecidas partiram de nossas experiências como docentes de uma instituição pública de formação médica cujas particularidades merecem ser mencionadas. A Escola de Medicina (EMED) da Universidade Federal de Ouro Preto (UFOP) foi fundada há cerca de quatorze anos, durante o processo de interiorização do ensino superior. Comprometido com a formação de profissionais generalistas, aptos a atuar na Atenção Primária (AP), o projeto político-pedagógico do curso sempre esteve interessado nos aspectos sociais, econômicos e políticos que compõem o processo de saúde-adoecimento-cuidado.

O desafio de sustentar uma formação em saúde sem o suporte de um hospital-escola, desde então, vem sendo superado a partir da articulação com práticas de cuidado envolvendo a rede de saúde pública local, sobretudo as Unidades Básicas de Saúde (UBS). Esse cenário se torna particularmente potente quando lembramos que Ouro Preto é uma cidade histórica e universitária, onde valores morais e religiosos tradicionais convivem com uma variedade de visões de mundo, muitas vezes, dissidentes e contraditórias. Essa realidade diversa e polimorfa também se faz presente no corpo docente da EMED, composto por profissionais de diferentes formações e campos do saber. Essa característica, talvez, tenha ficado mais evidente quando, em 2016, do antigo Departamento de Ciências Médicas da Escola de Farmácia da UFOP foi criada a EMED, agora com três departamentos: o Departamento de Cirurgia, Ginecologia e Obstetrícia e Propedêutica (DECGP), o Departamento de Clínicas Pediátrica e do Adulto (DECPA) e o Departamento de Medicina de Família, Saúde Mental e Coletiva (DEMSC).

Diferentemente dos outros departamentos, em que o discurso biomédico se coloca de forma mais hegemônica, o DEMSC é caracterizado pela atuação interdisciplinar de docentes de especialidades diversas, incluindo medicina de família e comunidade, psiquiatria, psicologia, enfermagem, farmácia, nutrição e ciências sociais. Nesse contexto, atentos para os marcadores sociais das diferenças, alguns de nós nos detivemos particularmente nos discursos de violência e exclusão produzidos pela medicina em relação às sexualidades dissidentes das (hetero)normas. Não é por acaso que, dentro da EMED, as primeiras reflexões de coprodução do cuidado, envolvendo pessoas trans e profissionais de saúde, aconteceram nesse departamento.

Sabemos que, no currículo médico, as experiências trans nunca tiveram muita visibilidade, ficando adstritas a abordagens patologizantes e/ou criminalizantes. Na psicopatologia, por exemplo, os estudantes tomam conhecimento dos "transtornos mentais relacionados à sexualidade", passando a incorporar o linguajar dos manuais diagnósticos de psiquiatria contemporâneos em suas práticas. O "sujeito transexual", com toda a sua descrição essencializada que se estabeleceu na década 1950 no contexto da sexologia estadunidense, ganha, assim, contornos mais nítidos. Não é incomum que esse processo seja acompanhado de discussões etiológicas que envolvem desde questões psicológicas até questões cerebrais.[3] Embora tais elaborações possam dar um contorno aparentemente científico para a questão, elas velam julgamentos morais que, tacitamente, mantêm esses corpos no campo de abjeção (Cano-Prais; Costa-Val; Souza, 2021). Não obstante, é também nesse momento, que muitos estudantes incorporam os mesmos julgamentos em relação às práticas sexuais dissidentes, agora englobadas pelo termo técnico "parafilias". Na semiologia, esse aspecto técnico-cientificista é reforçado por práticas focadas em meros interrogatórios investigativos sobre hábitos sexuais que definem, arbitrariamente, experiências "normais" e "anormais" (Cano-Prais; Costa-Val, 2020).

3 Boa parte dos argumentos das causas psicológicas das experiências trans se sustentam em elaborações de certos psicanalistas pós-freudianos, por exemplo, Robert Stoller, que fazia leituras distorcidas do pensamento de Freud. O debate em relação às disfunções cerebrais, por sua vez, ganhou evidência a partir da década de 1990 com o advento das neurociências.

A medicina legal entra nesse processo de formação, finalizando-o de forma bastante emblemática. Isso pode, por exemplo, ser observado no livro do professor Genival França, referência didática em medicina legal no país. Ele entende que as experiências trans são anormalidades comportamentais que "deita[m] suas raízes em um psiquismo confuso e alterado" (França, 2017, p. 290). Por essa via, ele também afirma que as ações de cuidado transespecíficas, sobretudo os procedimentos médicos de redesignação sexual, "não constituem em um ato lícito nem em uma forma honesta de intervenção profissional" (França, 2017, p. 290).[4] As transexualidades (mesmo em suas versões contemporâneas "psiquiatrizadas") e, sobretudo, as travestilidades são, a partir de uma visão tradicional da medicina legal, que é incorporada por muitos estudantes, interpretadas como anormalidades marginais do instinto genésico.

O currículo médico, nesse sentido, pode ser entendido como um "dispositivo", ou seja, um conjunto de "[...] discursos, instituições, organizações arquitetônicas, decisões regulamentares, leis, medidas administrativas, enunciados científicos, proposições filosóficas, morais, filantrópicas" (Foucault, 2011, p. 244) que vincula os jogos de "saber-poder", protagonizados pela medicina. Disciplinas obrigatórias e eletivas, aulas expositivas, atividades práticas e formações extracurriculares são tecnologias que compõem essa rede que, tacitamente, funda aquilo que podemos chamar de "materialidade didática". Escrito de outra forma, esse conjunto de ditos e não ditos são reiteradamente repetidos em um processo performativo que

[4] Embora tais considerações possam parecer datadas, vale destacar que esse livro tem sido publicado desde 1977 e, atualmente, está em sua décima primeira edição. Não é de se espantar que a prestigiada editora de livros técnico-científicos que sustenta essas publicações tenha sido considerada por Russo e Carrara (2002, p. 284) como a editora dos "[...] trabalhos de autores comprometidos com o *establishment* médico-psiquiátrico [...]".

materializa as normas que controlam o campo das sexualidades e dos gêneros (Butler, 2015). Esse movimento se articula com tecnologias de controle ao acesso aos discursos que, em um processo de rarefação, seleciona os sujeitos que falam. Afinal, "todo sistema de educação é uma maneira política de manter ou de modificar a apropriação dos discursos, com os saberes e os poderes que eles trazem consigo" (Foucault, 1999, p. 44).

A performatividade, no entanto, não desconsidera o potencial transformador das contingências que se irrompem nesse processo de repetição, enfatizando, assim, as possibilidades de agência dos sujeitos envolvidos (Butler, 2015). Partindo de tais considerações, temos nos questionado, permanentemente, sobre possibilidades de inserir a temática na formação médica de forma a não recair na patologização e/ou criminalização dessas experiências e, ao mesmo tempo, não reificar categorias identitárias. Não temos, nesse sentido, uma experiência fechada, cujo produto pode funcionar como uma "receita de bolo". Pelo contrário: estamos falando de um processo constante de abertura que comporta diálogos, indagações, contingências e criatividade. Apontaremos, portanto, alguns movimentos que, apesar de terem sido marcados por rupturas e descontinuidades, provocaram efeitos em nossas propostas formativas.

De forma geral, podemos dizer que a realocação de conteúdos curriculares e a discussão de uma especialização de intervenções voltadas para corpos trans ocorreram, no curso de medicina da UFOP, de maneira *externa* e *negativa*.[5]

[5] Forjamos tais termos no esforço de construir uma interpretação microssociológica de nossa realidade. O interno (e externo) foram pensados em relação ao currículo. Já os efeitos negativos (e positivos ou aditivos) foram tomados como supressões ou adições curriculares ou extracurriculares, por exemplo, a criação de novas disciplinas e a não criação de outras materialidades didáticas.

Desde 2015, temos promovido eventos extracurriculares, *externos* ao currículo (discurso) oficial, para discutir as experiências trans, especialmente dentro da lógica das práticas de cuidado em saúde. Entre eles, destacamos, por exemplo, o seminário *Multiplicando os Gêneros nas Práticas de Saúde*, evento interdisciplinar em que o campo das artes interagiu com o campo das ciências humanas e sociais na construção de uma discussão profícua para o campo da saúde. As experiências trans ganharam destaque nos debates, especialmente em uma delas intitulada *Transgeneralidades*, que contou com pesquisadores e ativistas de peso, como o professor Guilherme Almeida. O termo "disforia de gênero", que na época era relativamente novo, foi problematizado no contexto de impossibilidade de uma reprodução fiel das normas que regulam as sexualidades e os gêneros. Tal discussão, ao localizar uma inadequação que, independentemente de qualquer identificação sexual, faz parte da constituição da subjetividade de cada um de nós, nos permitiu desnaturalizar a cis-heteronormatividade, abrindo espaços para novas elaborações (Costa-Val; Gomes; Dias, 2016).

Algo desse movimento, colaborou para que fundássemos – com e para discentes da UFOP – o Núcleo de Investigação das Subjetividades Contemporâneas (NISC). Esse grupo, desde 2016, tem se dedicado a desenvolver ações de pesquisa e de extensão em torno de questões relacionadas às sexualidades e aos gêneros no contexto das práticas em saúde. Inicialmente, os alunos envolvidos eram basicamente os da graduação médica, principalmente aqueles que, de alguma forma, se identificavam com a questão LGBT. A insistência em trabalhar com as diversidades e modos não hegemônicos de se vivenciar as sexualidades e os gêneros nos permitiu construir um trabalho cuja característica principal é a de ocupar um lugar "entre" (Cano-Prais; Costa-Val, 2020): "entre" identidades pré-estabelecidas e experiências singulares; "entre" o saber e o não saber; "entre" o coletivo e o singular; "entre" o *externo* e o *interno* do currículo médico; "entre" uma perspectiva mais normativa, que caracteriza o discurso biomédico, e uma mais arejada, marcada pela interdisciplinaridade. Talvez, seja por isso que, aos poucos, temos conseguido estabelecer um trabalho coletivo com alunos de outros cursos que nem sempre estão identificados exatamente com a causa LGBT, mas com algo relativo ao sexual que se constitui como uma pergunta para todos nós.

Vale destacar que o debate sobre a questão dos identitarismos no contexto das experiências trans foi precedido de reflexões envolvendo as homossexualidades (Facchini, 2020). Para isso, houve um primeiro momento em que, no campo da saúde, essas experiências foram tomadas como identidades que despertavam curiosidade, tornando-se objeto de investigação e de especulação de possíveis causas psicológicas e biológicas. Atualmente, as discussões têm focado na importância dos direitos humanos e sexuais, do acolhimento de diferenças e da circulação social de corpos que subvertem as normas sexuais e de gênero (Carrara, 2015). Foi, nesse sentido, que, recentemente, organizamos o evento "OBSCENO: diálogos sobre estéticas de (re)existências", trazendo para o debate algumas questões relacionadas a aspectos epistêmicos, estéticos e políticos dos estudos queer. O "obsceno", em nossa construção, surgiu como termo privilegiado para sustentarmos um debate capaz de fazer vacilar as "bolhas identitárias" que compõem os processos de subjetivação no contemporâneo. Mais que isso, ele também nos permitiu compreender a importância de contemplar aquilo que é considerado sujo, vulgar, que fere o pudor ou a norma, em nossas práticas de ensino, de cuidado e de pesquisa no contexto da saúde. Tal indicação se constituiu como uma possibilidade efetiva de subversão de saberes pré-estabelecidos e de transformação do espaço social (Raimondi, 2019).

Seguindo essa problematização, podemos localizar uma segunda via de realocação das questões trans no curso de medicina da UFOP: a *negativa*. Há alguns anos, temos nos envolvido em debates a respeito da possibilidade de criação de um serviço de saúde voltado para o cuidado específico da população de lésbicas, gays, bissexuais, travestis e transexuais. Em diversos momentos, essa proposta, em termos práticos, significou a criação de um ambulatório que, a princípio, estaria sob os auspícios da psiquiatria com interlocuções com outras especialidades médicas, tais como endocrinologia, cirurgia etc. Por uma série de questões, esse serviço nunca foi fundado, algo que poderíamos nomear como o "*negativo* de um ambulatório transespecífico".

Em nosso contexto, diferentemente do que poderia se esperar de uma crítica contundente em relação à ausência de cuidados voltados para pessoas que subvertem as normas de gênero e sexualidade, em especial pessoas trans, esse fato não se caracterizou como uma inação ou negligência. Movidos pelos debates de autores contemporâneos e pelo desejo de criar novas possibilidades de coproduções de cuidados em saúde, estabelecemos dois movimentos diferentes e, ao mesmo tempo, interligados.

Entre eles, o mais recente esteve ligado à criação da disciplina de Antropologia da Saúde no intuito de deslocar discussões a respeito de marcadores sociais das diferenças, incluindo gêneros e sexualidades, para um enfoque socioantropológico. A aposta pedagógica dessa disciplina inclui estratégias que promovam o engajamento de todos os envolvidos a partir do reconhecimento de suas próprias diferenças. Isso permite localizar que a diferença não é algo que está de fora, mas algo que faz parte da constituição de cada um de nós (Miskolci, 2017). Por essa via, temos sustentado um debate crítico, dialógico e democrático sobre alguns fenômenos, tais como a "medicalização", a "psiquiatrização", a "psicologização" e a "sociologização" (Cano-Prais; Costa-Val; Souza, 2021), envolvidos nos cuidados de pessoas trans.

Ainda que seja muito cedo para precisarmos os efeitos desse tipo de deslocamento, ao que tudo indica há uma tensão bastante interessante do ponto de vista da construção de novas práticas e novos saberes, que envolve discentes e docentes dessa e de outras disciplinas curriculares. Trata-se, portanto, de uma outra tecnologia – uma outra "materialidade didática"– que incide *internamente* no currículo médico de maneira *aditiva* e, algumas vezes, subversiva. Sabemos que, nem sempre, a receptividade dos estudantes de medicina a tais incorporações é positiva. Isso ocorre, por exemplo, a partir da resistência sustentada pelo discurso de sobrecarga curricular, algo que, em parte, é aceitável quando as discussões sobre a saúde trans não é feita de forma integrada. Outro desafio é o de fazer vacilar aquilo que Becker e Geer (1976)[6] descreveram como "posição cínica" forjada pelo próprio processo de formação médica e que faz com que os alunos considerem certos conteúdos como menos importantes. Mas como evidenciar a relevância dessa temática na prática clínica?

Talvez, essa questão tenha relação com um segundo movimento, de caráter mais pragmático e operativo, que vivenciamos em nosso curso a partir da Residência de Medicina de Família e Comunidade (MFC) da EMED da UFOP. Como

---

[6] O sociólogo descreveu, ao acompanhar estudantes de medicina estadunidenses, duas tendências coletivas: o idealismo e o cinismo. O primeiro é adiado, ao longo do curso, até quando o estudante encara a realidade de que este idealismo não será relevante durante a sua formação. O segundo é mediado por escolhas do que é mais relevante estudar, considerando afinidades por áreas específicas, mas, também, em última análise, aquilo que "cai nas provas". Os conteúdos das áreas das chamadas ciências humanas e sociais são, particularmente, alocados como idealizações irrelevantes e cinicamente descartados em um contexto em que "o cinismo, o desencanto e uma certa desonestidade se tornam endêmicos [...]" (BECKER; GEER, [1958], 1976, p. 80).

veremos, esse movimento (re)situou a assistência à saúde de pessoas trans na comunidade, mais especificamente na AP, tendo a saúde mental e a saúde coletiva como esteios da coprodução de cuidados.

Experiências na Residência de Medicina de Família e Comunidade da UFOP

O programa de Residência em Medicina de Família e Comunidade (MFC) da UFOP ofereceu vagas pela primeira vez em 2013. Essa especialidade se insere em uma epistemologia que se propõe a identificar as anomalias do paradigma biomédico na saúde, visando superá-lo através de uma prática intrinsecamente ligada aos conceitos da teoria geral dos sistemas e do modelo biopsicossocial do processo saúde-doença-cuidado. Além disso, trabalha com uma perspectiva em que o foco da relação profissional-pessoa se desloca para a pessoa, abrindo possibilidades para uma relação longitudinal, integral, holística e culturalmente hábil (Freeman; McWhinney, 2016).

O processo de formação da MFC é composto pelo treinamento em trabalho durante um período de dois anos, sendo que pelo menos metade da carga horária ocorre na Atenção Primária à Saúde (AP) sob a supervisão de um preceptor com especialização na área. Na UFOP, cada preceptor recebe até dois residentes em sua equipe para o desenvolvimento de práticas e discussões teóricas. A avaliação do programa prevê atividades trimestrais que, além de terem funções formativas e somativas, visam ao aperfeiçoamento do processo pedagógico como um todo, incluindo o planejamento de novas ações que possam complementar o processo de ensino-aprendizagem.

Essas atividades criaram um ambiente acolhedor para debates dialógicos e democráticos envolvendo temas diversos, incluindo aspectos relacionados à saúde e ao cuidado da população LGBT. Em 2015, um residente, a partir de sua experiência como ativista dos direitos sexuais de corpos dissidentes, durante a avaliação do programa, fez uma intervenção que mobilizou colegas e preceptores. Em sua fala, pudemos localizar que as discussões sobre o tema ficavam restritas a casos de pessoas atendidas no processo de formação e, frequentemente, aconteciam de maneira superficial, com foco em conteúdos inadequados e sem levar em conta alguns elementos fundamentais relacionados ao contexto político e social.

Essa intervenção produziu certo desconforto necessário para repensarmos o modo como o tema vinha sendo abordado na residência. Não demorou para que iniciássemos uma (re)construção coletiva do conteúdo curricular, inserindo temas e atividades que partiam de questões conceituais relacionadas às identidades de gêneros e orientações sexuais, passavam por discussões sobre as políticas de saúde e barreiras de acesso ao serviço de saúde e abarcavam aspectos clínicos do cuidado – incluindo, por exemplo, a terapia hormonal. Para além das questões técnicas, nos mobilizamos para o desenvolvimento de estratégias que permitissem a construção crítica do conhecimento a partir do encontro com as diferenças. Um encontro que pudesse nos afetar e nos lançar na produção de novos contornos para aquilo que achávamos que sabíamos sobre nós mesmos e sobre o outro. Nesse processo de constante aprendizagem, buscamos alcançar uma "dimensão ética e estética, de criação permanente de práticas, de reposicionamento do olhar, do ouvir, do sentir e do pensar a si e o mundo" (Rocon, 2021, p. 120).

O efeito político dessa construção pôde ser observado a partir das ações de profissionais vinculados à residência, que passaram a levar discussões relacionadas à saúde da população LGBT para suas equipes de saúde da família e para os seus territórios de atuação. Esse movimento, iniciado em 2015, permitiu que, em 2017, fosse criado um espaço para ampliação do debate no Encontro Mineiro de Medicina de Família e

Comunidade, sediado na UFOP. Desde então, o tema tem feito parte de todos os nossos eventos mais emblemáticos, como o Seminário da Residência de Medicina de Família e Comunidade, que aconteceu em 2019.

Além desses encontros, desenvolvemos dois projetos de extensão que tiveram um efeito decisivo nas práticas de cuidado na rede de saúde municipal de Ouro Preto. O primeiro, intitulado Ações para melhoria do cuidado às pessoas LGBT, teve o intuito de criar, a partir de rodas de conversa e outras estratégias participativas, equipes de saúde com médicos residentes que pudessem funcionar como referências no município para a assistência dessa população. Essa experiência trouxe a ampliação do acesso de pessoas trans a um cuidado na AP através de contatos por redes sociais e aplicativos de mensagem instantânea, canais que, até então, não eram utilizados na rede de saúde local.

O outro projeto, intitulado Abordagem Educativa de profissionais das Unidades Básicas de Ouro Preto-MG quanto ao cuidado da população LGBT, está em andamento desde 2020 e tem como objetivo central fomentar processos formativos voltados para profissionais da AP. Em nossas ações, buscamos trabalhar com questões conceituais relacionadas à identidade de gênero, ao sexo designado ao nascimento e à orientação sexual. Além disso, desenvolvemos oficinas práticas que envolvem a simulação de atendimento de pessoas LGBT desde o momento em que elas chegam na unidade até o momento da consulta com o profissional de saúde. O trabalho da recepção, assim como aspectos do cadastramento são focos de intervenções a partir do direito ao nome social, da garantia de acolhimento e sigilo, entre outros. Até a presente data, conseguimos envolver duas unidades de saúde em ações que, por questões de limitações impostas pela pandemia de covid-19, tiveram que ser redimensionadas. O atendimento às pessoas trans e as estratégias de educação em saúde voltadas para os profissionais, desde então, têm acontecido através da telemedicina e de outras atividades à distância.

Todas essas iniciativas trouxeram transformações relevantes na dinâmica de atenção à população LGBT na região de Ouro Preto. Entre elas, podemos destacar maior envolvimento dos profissionais das equipes da AP na atenção à saúde dessa população, mudanças na estrutura curricular do curso de pós-graduação em MFC da UFOP, além de reconhecimento, especialmente por parte das pessoas trans, da melhoria da assistência. Consequentemente, observamos que elas têm frequentado mais esses espaços e participando ativamente de um processo contínuo de transformação. Apesar dessas mudanças carecerem de estudos mais pormenorizados para a compreensão do real impacto de nossas ações, elas têm colaborado para recolocar a AP como potente ponto da rede de saúde para o cuidado de pessoas LGBT (Rocon, 2021; Pereira; Chazan, 2019).

Sabemos que, apesar de desafiador, a ruptura dos reiterados preconceitos relacionados a práticas e corpos dissidentes deve se fazer presente no cotidiano das Unidades Básicas de Saúde (UBS) de forma a melhorar o acesso da população LGBT à porta de entrada do sistema. Isso não só está em consonância com um direito constitucional, mas também colabora para que os próprios atributos desse nível assistencial sejam fortalecidos. Ações, individuais e coletivas, voltadas para esse público nesses espaços ampliam o convívio de todos os envolvidos – incluindo a população em geral, pessoas LGBT e profissionais de saúde – com a alteridade e a diferença (Rocon, 2021), aumentando a orientação comunitária dos serviços.

De fato, em uma sociedade fragmentada e hierarquizada, um espaço de cuidado onde pessoas diferentes podem se encontrar e trocar experiências se constitui, por si só, como um desafio e, ao mesmo tempo, como uma possibilidade de uma construção ética de dispositivos de saúde comprometidos com a alteridade. Essa circulação pode diversificar as práticas de cuidado ao colocar em xeque certos pressupostos naturalizados, por exemplo, a continuidade entre sexo, gênero e orientação sexual, assim como a exclusividade da constituição familiar em torno de uma lógica heterossexual. Por consequência, há uma ampliação da competência cultural do cuidado e do próprio princípio de integralidade.

Acreditamos que a nossa experiência possa contribuir para expandir um importante debate sobre como o fortalecimento da AP na coordenação de cuidados integrais à população LGBT pode firmar um modelo de coprodução de saúde em parceria com os serviços especializados previstos nas portarias oficiais (Rocon, 2021; Pereira; Chazan, 2019). Observamos, nesse sentido, que alguns desses serviços – atualmente escassos e, mesmo assim, muitas vezes a única fonte de cuidados a essa população – têm encontrado, em nossas ações, a possibilidade de fortalecimento e de continuidade de suas intervenções a partir da aposta em um cuidado de base integral, comunitária e coletiva. Não podemos desconsiderar, no entanto, a complexidade das barreiras envolvidas nesse modelo assistencial.

Em nosso contexto, não é raro que pessoas trans, a despeito de encontrarem atendimento qualificado em algumas UBS do município, tenham dificuldades para acessar exames e obter medicações, como os hormônios, que, via de regra, não são disponibilizados de forma gratuita. Além disso, apesar de percebermos um aumento desses atendimentos, sabemos que o número de profissionais disponíveis e capacitados permanece abaixo do que se estima para essa população. É premente, nesse sentido, que haja um maior investimento na sistematização dessa temática não apenas no âmbito das pós-graduações e graduações em saúde (Paulino *et al.*, 2019; Rufino; Madeiro, 2017), mas também nas secretarias municipais e estaduais de saúde, assim como nos conselhos e demais instituições da área.

Entendemos que o caminho é longo, cheio de desvios e sem muitas garantias. Acreditamos, no entanto, que a melhoria do acesso das pessoas que desafiam as normas de gênero aos serviços de saúde possa ter um impacto positivo não só em suas qualidades de vida, mas na de toda a população. Afinal, reconhecer e acolher as diferenças, para além de qualquer ideal humanitário, abre espaço para que cada um de nós seja modificado em um movimento em que o individual e o coletivo se misturam, transformando também a nossa realidade social.

Considerações finais

Pessoas trans, apesar de apresentarem uma vulnerabilidade social mais acentuada e, consequentemente, maiores índices de adoecimento e sofrimento psíquico, enfrentam diversas barreiras para acessar os serviços públicos de saúde. Nesse contexto, um dos maiores desafios está relacionado à formação dos profissionais de saúde e à articulação entre os diversos níveis de atenção que compõem o SUS.

Apresentamos, nesse sentido, a nossa experiência de atuação como docentes na formação médica, tanto na graduação quanto na Residência em Medicina de Família e Comunidade. Nesse processo – inacabado e em permanente construção –, temos tido o cuidado de não investir em uma formação que privilegia demasiadamente os manuais diagnóstico contemporâneos, os protocolos muito rígidos e outros dispositivos de normatização que forjam uma maneira única de experimentar a transexualidade. Tampouco acreditamos em uma formação humanitária, baseada no ideal de igualdade e em uma moralidade caritativa e benevolente (Rocon, 2021). Sem desconsiderar a importância da técnica e muito menos de uma formação humanizada, o foco do nosso trabalho tem sido os encontros e desencontros que acontecem no cotidiano da graduação e das práticas de cuidado.

Nesse movimento, muitas vezes sutil e que acontece nas margens, é possível estabelecer a coprodução de um cuidado em que o encontro com as diferenças transforme radicalmente todos os envolvidos. Uma transformação dinâmica que, ao invés de deixar que normas se sedimentem, mantém em aberto as possibilidades de viver e de se relacionar. Ao que tudo indica, essa aposta, em nosso contexto de atuação, tem permitido um melhor acolhimento das diferenças, garantindo, ao mesmo tempo, a preservação da autonomia dos atores que compõem esse processo. Talvez, esse caminho, cheio de pedras e desvios, seja uma via para a construção de um SUS mais equânime e democrático.

Referências

ARÁN, M.; MURTA, D.; LIONÇO, T. Transexualidade e saúde pública no Brasil. *Ciência e Saúde Coletiva*, Rio de Janeiro, v. 14, n. 4, p. 1141-1149, jul./ago. 2009.

BENEVIDES, B. G.; NOGUEIRA, S. N. B. (Orgs.). *Dossiê dos assassinatos e da violência contra travestis e transexuais brasileiras em 2020*. São Paulo: Expressão Popular, ANTRA, IBTE, 2021. Disponível em: https://bit.ly/3LuMsYP. Acesso em: 22 jul. 2022.

BEZERRA, M. V. R. *et al.* Política de saúde LGBT e sua invisibilidade nas publicações em saúde coletiva. *Saúde debate*, Rio de Janeiro, v. 43, n. especial 8, p. 305-323, dez. 2019.

BECKER, H. S.; GEER, B. A sorte do idealismo médico. In: RILEY, M. W.; NELSON, E. E. *A observação sociológica: uma estratégia para um novo conhecimento social*. Rio de Janeiro: Zahar, 1976. p. 78-84.

BUTLER, J. *Cuerpos que importan: sobre los límites materiales y discursivos del "sexo"*. Buenos Aires: Paidós, 2015.

COSTA-VAL, A. *et al.* "Nunca me falaram sobre isso!": o ensino das sexualidades na perspectiva de estudantes de uma escola federal de medicina. *Revista brasileira de educação médica*, Brasília, v. 43, n. 1, suplemento 1, p. 108-118, jan. 2019.

COSTA-VAL, A.; GOMES, G. L.; DIAS, F. M. V. Multiplicando os gêneros nas práticas em saúde. *Interface*, Botucatu, v. 20, n. 57, p. 517-526, abr./ jun. 2016.

CANO-PRAIS, H. A.; COSTA-VAL, A. Reflexões sobre a abordagem das sexualidades e dos gêneros no ensino médico. In: BAHIA, A. G. M. F. M. *et al.* (Orgs.). *Gênero, sexualidade e direito: dissidências e resistências*. Belo Horizonte: Initia Via, 2019. p. 144-158.

CANO-PRAIS, H. A.; COSTA-VAL, A.; SOUZA, E. R. Incongruências classificatórias: uma análise dos discursos sobre as propostas da CID11 em relação às experiências trans. *Cadernos Pagu*, Campinas, [s. v.], n. 62, e216219, p. 1-19, out. 2021.

BRASIL. Conselho Nacional Da Educação. Câmara de Educação Superior. Resolução CNE/CES 3/2014. Disponível em: https://bit.ly/3Lu61Av. Acesso em: 1 abr. 2017.

CARRARA, S. Moralidades, racionalidades e políticas sexuais no Brasil contemporâneo. *Mana*, Rio de Janeiro, v. 21, n. 2, p. 323-345, ago. 2015.

FACCHINI, R. De homossexuais a LGBTQIAP+: sujeitos políticos, saberes, mudanças e enquadramentos. In: FACCHINI, R.; FRANÇA, I. L. (Orgs.). *Direitos em disputa: LGBTI+, poder e diferença no Brasil contemporâneo*. Campinas: Ed. da Unicamp, 2020. p. 31-69.

FOUCAULT, M. (1979). *Microfísica do poder.* 29. ed. Tradução de Roberto Machado. Rio de Janeiro: Graal, 2011.

FOUCAULT, M. (1996). *A ordem do discurso: aula inaugural no Collège de France em 2 de dezembro de 1970.* 5. ed. Tradução de Laura Fraga de Almeida Sampaio. São Paulo: Loyola, 1999.

FRANÇA, G. V. (1977). Transtornos sexuais e da identidade sexual. 11. ed. In: FRANÇA, G. V. *Medicina Legal.* Rio de Janeiro: Guanabara Koogan, 2017. p. 293-302.

FREEMAN, T.; MCWHINNEY, I. R. *McWhinney's textbook of family medicine.* 4. ed. New York: Oxford University Press, 2016.

GONZALES, G.; PRZEDWORSKI, J; HENNING-SMITH, C. Comparison of health and health risk factors between lesbian, gay, and bisexual adults and heterosexual adults in the United States: results from the National Health Interview Survey. *JAMA international medicine*, [Chicago], v. 176, n. 9, p. 1344-1351, set. 2016.

LIONÇO, T. Que direito à saúde para a população GLBT? Considerando direitos humanos, sexuais e reprodutivos em busca da integralidade e da equidade. *Saúde e sociedade*, São Paulo, v. 17, n. 2, p. 11-21, jun. 2008.

MATOS, A. *et al. Análise da Resolução 2265 de 20 de setembro de 2019. Resolução produzida pelo Conselho Federal de Medicina*. 2022. Disponível em: https://bit.ly/3vTc2QP. Acesso em: 21 out. 2021.

MISKOLCI, R. *Teoria queer: um aprendizado pelas diferenças*. Belo Horizonte: Autêntica, 2017.

PAULINO, D. B.; RASERA, E. F.; TEIXEIRA, F. B. Discursos sobre o cuidado em saúde de lésbicas, gays, bissexuais, travestis, transexuais (LGBT) entre médicas(os) da Estratégia Saúde da Família. *Interface*, Botucatu, v. 23, [s. n.], e180279, p. 1-15, jul. 2019.

PEREIRA, L. B. C.; CHAZAN, A. C. S. O acesso das pessoas transexuais e travestis à Atenção Primária à Saúde: uma revisão integrativa. *Revista Brasileira de Medicina de Família e Comunidade*, Rio de Janeiro, v. 14, n. 41, p. 1-16, jan./dez. 2019.

RAIMONDI, G. A. *Corpos que (não) importam na prática médica: uma autoetnografia performática sobre o corpo gay na escola médica*. Campinas: Universidade Estadual de Campinas, 2019. Tese (Doutorado em Saúde Coletiva) – Programa de Pós-Graduação em Saúde Coletiva, Faculdade de Ciências Médicas, Universidade Estadual de Campinas, Campinas, 2019.

ROCON, P. C. *et al.* Dificuldades vividas por pessoas trans no acesso ao Sistema Único de Saúde. *Ciência & Saúde Coletiva*, Rio de Janeiro, v. 21, n. 8, p. 2517-2526, ago. 2016.

ROCON, P. C. *Clínica (Trans)sexualiza(dor)a: processos formativos de trabalhadores da saúde*. Salvador: Devires, 2021.

RUFINO, A. C.; MADEIRO, A. P. 6 práticas educativas em saúde: integrando sexualidade e gênero na graduação em Medicina. *Revista brasileira de educação médica*, Rio de Janeiro, v. 41, n. 1, p. 170-178, jan./mar. 2017.

RUSSO, J. A.; CARRARA, S. L. A psicanálise e a sexologia no Rio de Janeiro de entreguerras: entre a ciência e a autoajuda. *História, Ciências, Saúde-Manguinhos*, Rio de Janeiro, v. 9, n. 2, p. 273-290, ago. 2002.

SANTOS, M. C. B. *Aos trancos e barrancos: uma análise do processo de implementação e capilarização do processo transexualizador no*

Brasil. Rio de Janeiro: Universidade do Estado do Rio de Janeiro, 2020. Tese (Doutorado em Serviço Social) – Programa de Pós-Graduação da Faculdade de Serviço Social, Universidade do Estado do Rio de Janeiro, Rio de Janeiro, 2020.

SOUZA, E. R.; BRAZ, C. Políticas de saúde para homens trans no Brasil: contribuições antropológicas para um debate necessário. In: COSTA-VAL, A.; DIAS, F. M. V.; GOMES, G. L. *Multiplicando os gêneros nas práticas em saúde*. Ouro Preto: Ed. da UFOP, 2016. p. 149-172.

Sobre os autores e as autoras

Alexandre Costa-Val

Professor do Departamento de Medicina de Família, Saúde Mental e Coletiva da Escola de Medicina da Universidade Federal de Ouro Preto (DEMSC/UFOP) e coordenador do Núcleo de Investigação das Subjetividades Contemporâneas (NISC/UFOP).

Camila Toffoli Ribeiro

Professora da Universidade Federal de Uberlândia (UFU), atua em atendimento ambulatorial em Ginecologia a pessoas transexuais.

Eduardo Ribeiro Mundim

Médico no Ambulatório Multidisciplinar Especializado na Assistência às Pessoas Trans e Travesti, no Hospital Eduardo de Menezes da Fundação Hospitalar do Estado de Minas Gerais (HEM/FHEMIG).

Eduardo Siqueira Fernandes

Médico ginecologista e sexólogo, atua no Ambulatório Multidisciplinar Especializado na Assistência às Pessoas Trans e Travesti, no Hospital Eduardo de Menezes da Fundação Hospitalar do Estado de Minas Gerais (HEM/FHEMIG).

Fabiano Gonçalves Lemos

Graduado em Filosofia, atua como colaborador do projeto de extensão em manejo clínico odontológico de pacientes transgêneros e soropositivos para HIV, da Universidade Federal de Uberlândia.

Flávia do Bonsucesso Teixeira

Professora do Programa de Pós-graduação em Saúde da Família e coordenadora do Centro de Referência e Atenção Integral para a Saúde Transespecífica (CRAIST), da Universidade Federal de Uberlândia.

Gustavo Valadares Labanca Reis

Professor do Departamento de Medicina de Família, Saúde Mental e Coletiva (DEMSC), da Escola de Medicina da Universidade Federal de Ouro Preto. Atua como médico na atenção básica.

Hugo Alejandro Cano-Prais

Professor do Departamento de Medicina de Família, Saúde Mental e Coletiva (DEMSC) e membro do Núcleo de Investigação das Subjetividades Contemporâneas (NISC), da Escola de Medicina da Universidade Federal de Ouro Preto. Atua no Grupo de Estudos em Feminismo e Gênero da Faculdade de Filosofia e Ciências Humanas da Universidade Federal de Minas Gerais (FEMEGEN/FAFICH/UFMG).

Júnia Rodrigues Araújo

Psicóloga, atua no acompanhamento psicológico de pessoas trans.

Keila Deslandes

Professora do Departamento de Medicina de Família, Saúde Mental e Coletiva da Escola de Medicina (DEMSC) e colaboradora no Núcleo de Investigação das Subjetividades Contemporâneas (NISC), da Universidade Federal de Ouro Preto. Atua na Pós-Graduação (Residência Médica) do Hospital Odilon Behrens. É coordenadora da série Cadernos da Diversidade, pela Editora Autêntica.

Luisa Azeredo Silveira

Psicóloga, atualmente coordena a área de Saúde Indígena e Políticas de Promoção da Equidade em Saúde da SES-MG.

Marco Aurélio Máximo Prado

Professor do Departamento de Psicologia da UFMG, coordena o Núcleo de Direitos Humanos e Cidadania LGBT (NUH) e atua junto ao Programa de Pós-Graduação em Psicologia da mesma universidade.

Miguel de Castro Santos

Psiquiatra atuante no Ambulatório Multidisciplinar Especializado na Assistência às Pessoas Trans e Travesti, no Hospital Eduardo de Menezes da Fundação Hospitalar do Estado de Minas Gerais (HEM/FHEMIG).

Rodrigo Pastor Alves Pereira

Professor do Departamento de Medicina de Família, Saúde Mental e Coletiva (DEMSC), da Escola de Medicina da Universidade Federal de Ouro Preto.

Rosa Maria dos Santos

Psicóloga, atua como técnica em gestão de saúde na Secretaria de Estado de Saúde de Minas Gerais (SES-MG).

Sérgio Ferreira Júnior

Consultor técnico da área de prevenção do Departamento de Doenças de Condições Crônicas e Infecções Sexualmente

Transmissíveis, Secretaria de Vigilância em Saúde do Ministério da Saúde (SVS/MS). Pesquisa sobre a saúde geral e bucal da população transgênero e coordenou a Ação de Extensão Núcleo de pesquisa e Acolhimento Trans (NuPAT) e a clínica odontológica voltada para a população transgênero e portadora do HIV de Uberlândia-MG.

Taciana Carla Maia Feibelmann

Médica, atua com atendimento a pessoas transgêneros no Centro de Referência e Atenção Integral para a Saúde Transespecífica (CRAIST), da Universidade Federal de Uberlândia.

Wanderson de Andrade Fagundes

Assistente Social, atua no Hospital de Clínicas e no Centro de Referência e Atenção Integral para a Saúde Transespecífica (CRAIST), da Universidade Federal de Uberlândia. Integrante do Comitê Técnico LGBT da Secretaria Estadual de Saúde de Minas Gerais.

Este livro foi composto com tipografia Minion Pro e
impresso em papel Off-White 80 g/m² na Formato Artes Gráficas.